AF602569

LE MANUEL
DES
CITOYENS.

LE MANUEL DES CITOYENS FRANÇOIS, OU TABLEAU

De ce qui a intéressé leur esprit & leur cœur, dans les deux Cérémonies de la Fédération & de la Pompe funebre des Citoyens François, morts, sous les murs de Nancy, en combattant pour la Liberté & la religion du Serment.

Par l'Auteur de l'Epître à l'Humanité & à la Patrie.

Quoi! (disoit Henri IV à ses Officiers) si l'on ruine mon Peuple, qui me nourrira? qui soutiendra les charges de l'Etat? qui paiera vos pensions, Messieurs? Ventre-saint-gris! s'en prendre à mon Peuple, c'est s'en prendre à moi-même.

1790.

(3)

Quel eſt donc le Héros ſolide
Dont la gloire ne ſoit qu'à lui ?
C'eſt un Roi que l'Équité guide,
Et dont les vertus ſont l'appui ;
Qui prenant *Titus* pour modele,
Du bonheur d'un Peuple fidele
Fait le plus cher des ſouhaits,
Qui fuit la baſſe flatterie,
Et qui, Pere de ſa Patrie,
Compte ſes jours par ſes bienfaits.

(J. B. Rousseau.)

LE MANUEL
DES
CITOYENS FRANÇOIS,
OU
TABLEAU
DE LA FÉDÉRATION,
ET DE
LA POMPE FUNEBRE.

FRANÇOIS ! mes Concitoyens, quel contraste étonnant vous rassemblent aujourd'hui dans ce Champ de la Fédération, dans ce lieu qui, le 14 Juillet, étoit pour vous un lieu de délices & de charmes, où vos cœurs, ouverts à la joie, ne faisoient qu'une ame, qu'un cœur & qu'un esprit, & vos voix, qu'un seul accent de satisfaction & d'allégresse.

Dans ce lieu, où vous avez vu le meilleur des Rois, votre Souverain, *le premier ami de ses Peuples* (1), à la tête des Représentans de la

(1) Discours du Roi à l'ouverture des Etats-Généraux, le 5 Mai 1789.

Nation ; & environné de son épouse, de ses enfans, de ce qu'il a de plus cher à son cœur ; enfin, comme un pere au milieu de sa famille, qui le chérit & qui l'aime, où vous l'avez vu contempler, avec des yeux mouillés des larmes de tendresse, cette famille, cette multitude innombrable de Citoyens & de Citoyennes rassemblés dans ce Champ entouré de verdure, dans cette vaste enceinte, dont l'immensité, sur les gradins & dans son pourtour, sembloit, dans le lointain, à tous les yeux, un parterre émaillé de fleurs, & donnoit le spectacle de ce que les Grecs & les Romains ont jamais eu de plus grand & de plus magnifique.

Là, où la Nation Françoise, assemblée militairement sous ses Bannieres, & par Départemens, unie avec ses troupes de lignes, ses généreux défenseurs, où vous avez vu tous ces Citoyens jurer en commun sur l'Autel de la Patrie, à l'ombre de ses étendards & de ses drapeaux, en présence de l'Être suprême, du Dieu des armées, du Dieu juge & témoin des sermens, & dont l'Esprit remplit l'Univers, devant qui vous les avez vu tous lever la main & les yeux vers le Ciel, & s'unissant au Major général de la Fédération, qui, après avoir pris les ordres du Roi, & placé son épée sur l'Autel de la Patrie, a prononcé ce serment en leur nom.

« Nous jurons d'être à jamais fideles à la » Nation, à la Loi & au Roi.

» De maintenir de tout notre pouvoir la » Constitution décrétée par l'Assemblée Natio» nale, & acceptée par le Roi.

» De protéger, conformément aux Loix, la » sûreté des personnes & des propriétés.

» La circulation des grains & des subsistances
» dans l'intérieur du Royaume.

» La perception des Contributions publiques,
» sous quelques formes qu'elles existent.

» De demeurer unis à tous les François, par
» les liens indissolubles de la fraternité ».

Serment sacré, que les cris répétés de *vive le Roi ! vive la Nation !* ont fait entrer dans tous les cœurs, & que tous les Fédérés ont témoigné aux yeux par le mouvement, & aux oreilles, par le cliquetis de leurs armes, qu'une musique militaire accompagnoit, & que le bruit du canon & de toute l'artillerie a annoncé à tout Paris, aux Campagnes voisines, aux Villes & Villages lointains ; enfin, à toute la France, qui, dans l'instant, s'est unie d'affection & de cœur à cette cérémonie auguste, & a répété les paroles d'union, de fidélité, de fraternité & d'amour, ce serment sacré de tous ses Représentans : « Je » jure d'être fidele *à la Nation*, *à la Loi* & *au* » *Roi*, & de maintenir de tout mon pouvoir la » Constitution décrétée par l'Assemblée Natio- » nale, & acceptée par le Roi ». Paroles sacrées que le Souverain sanctionne, en élevant les bras vers l'Autel, & les yeux vers la demeure céleste du Roi des Rois, en prononçant ces paroles de paix & d'union : « Moi, Roi des François, je » jure d'employer tout le pouvoir qui m'est » délégué par la Loi constitutionnelle de l'Etat, » à maintenir la Constitution décrétée par l'As- » semblée Nationale, & acceptée par moi, & » à faire exécuter les Loix ».

Voilà ce que, dans un silence profond & religieux, vous avez entendu de la bouche de votre Souverain, & ce qui a fait éclater de nouveau les acclamations universelles, les cris de *vive le Roi! vive l'Assemblée Nationale! vive la Nation!* répétées, d'un bout du Champ-de-Mars à l'autre, par l'Assemblée Nationale, par les Fédérés & par le Peuple, en signe de ratification de cette auguste & sainte alliance, qui a offert, par les embrassemens réciproques des Députés & la joie publique, le spectacle touchant d'une famille de freres, qui viennent de se jurer une union indissoluble, une amitié éternelle; voilà ce que vous avez juré; & c'est ce serment réciproque du Roi & de la Nation qui établit cette confiance mutuelle, si nécessaire à la sûreté commune.

Les flatteurs disent aux Souverains qu'ils sont les Maîtres, & que tout leur est permis. Un Roi de Sirie, à qui on tenoit ce langage: « oui, » dit-il, parmi les Barbares, à notre égard, nous » sommes Maîtres des choses prescrites par la » raison & l'humanité. Mais rien ne nous est » permis que ce qui est conforme à la justice » & au devoir ».

Tel est le contrat formel ou tacite passé entre tous les hommes. « Si vous voulez que nous » vous soyons fideles, disoit le Peuple à Charlemagne, faites observer les Loix ».

Tel est l'engagement solemnel de votre Souverain & les intentions qu'il vous avoit déja fait connoître, & les paroles des Rois sont sacrées; « car un Roi, disoit *Alexandre*, ne doit jamais » manquer de paroles à ses Sujets, ni les Sujets » soupçonner qu'un Roi soit capable d'une si » haute prévarication ».

« Si la bonne foi & la vérité étoient bannies » de tout le reste de la Terre, disoit le *Roi Jean*, » elles devroient se trouver dans le cœur &

» dans la bouche des Rois ». Paroles mémorables, qui ont toujours servi de base à la conduite des grands Princes, qui, étant le lien & le centre de la société, doivent être aussi les protecteurs & les vengeurs de la bonne foi, qui en est le fondement : c'est en marchant sur ces traces, & en suivant les mouvemens naturels de son cœur, que notre Souverain nous a adressé ces paroles de pere & d'ami : « Tout ce qu'on » peut attendre, nous dit-il, du plus tendre inté- » rêt au bonheur public, tout ce qu'on peut de- » mander à un Souverain, *le premier ami de ses* » *Peuples*, vous pouvez, vous devez l'esperer » de mes sentimens (1) ».

» Livrons-nous donc de bonne foi aux espé- » rances que nous pouvons concevoir, & ne » songeons qu'à les réaliser par un accord una- » nime (dit-il avec bonté dans son grand Dis- » cours) que par-tout on sache que le Monarque » & les Représentans de la Nation sont unis d'un » même intérêt & d'un même vœu, afin que » cette opinion, cette ferme croyance répandent » dans les Provinces un esprit de paix & de » bonne volonté..... Que les vrais Citoyens » y réfléchissent, ainsi que je l'ai fait, en fixant » uniquement leur attention sur le bien de l'Etat, » ils verront que, même avec des opinions » différentes, un intérêt éminent doit les réunir » tous aujourd'hui..... Je défendrai donc, je » maintiendrai la liberté constitutionnelle, dont » le vœu général, d'accord avec le mien, a » consacré les principes. Je ferai davantage; &,

(1) Discours du Roi à l'ouverture des Etats-Généraux le 5 Mai 1789.

» de concert avec la Reine, qui partage tous » mes sentimens, je préparerai de bonne heure » l'esprit & le cœur de mon fils au nouvel ordre » de choses que les circonstances ont amené; je » l'habituerai dès ses premiers ans à être heu- » reux du bonheur des François, & à recon- » noître toujours, malgré le langage des flat- » teurs, qu'une sage Constitution le préservera » des dangers de l'inexpérience, & qu'une juste » liberté ajoute un nouveau prix aux sentimens » d'amour & de fidélité, dont la Nation, depuis » tant de siecles, donne à ses Rois des preuves » si touchantes (1) ».

Que ces sentimens sont admirables, mes chers Concitoyens! combien ils tendent à l'union & au rapprochement des cœurs & des esprits, pour ne faire, de toute la France, qu'une famille unie par les liens de l'intérêt & de l'amitié. « Puisse cette journée, où votre Monarque (ce sont encore ses admirables paroles, adressées aux » Représentans de la Nation) vient s'unir à vous » de la maniere la plus franche & la plus intime, » être une époque mémorable dans l'Histoire » de cet Empire! Elle le sera, je l'espere, si » mes vœux ardens, si mes instantes exhorta- » tions peuvent être un signal de paix & de » rapprochement entre vous. Que ceux qui » s'éloignent encore d'un esprit de concorde, » devenu si nécessaire, me fassent le sacrifice de » tous les souvenirs qui les affligent, je les » paierai par ma reconnoissance & mon affection. » Ne professons tous, à compter de ce jour, ne » professons tous, je vous en donne l'exemple,

(1) Discours du Roi, du 4 Février 1790.

» qu'une seule opinion, qu'un seul intérêt; » qu'une seule volonté, l'attachement à la » Constitution nouvelle, & le desir ardent de » la paix, du bonheur & de la prospérité de » la France (1) ».

Voilà, Citoyens, ce que, réciproquement avec votre Souverain, vous venez de jurer sur l'Autel de la Patrie, & ce qui a été, en ce grand jour, le sujet du concert d'acclamations dont vous avez fait retentir les airs. Car combien, après le serment sacré de votre Roi, de milliers de voix, de bras & de mains se sont élevés de nouveau pour répéter cet engagement, cette promesse solemnelle de liberté, d'être unis par l'amour, & fideles à *la Nation*, à *la Loi* & *au Roi*.

Enfin, avec quelle piété, quel recueillement vous vous êtes unis de cœur au sacrifice de reconnoissance! avec quel témoignage de satisfaction, après ce saint Sacrifice offert au Dieu de vérité, toutes vos voix se sont unies au chœur des Prêtres, pour chanter, au son des instrumens, d'une musique harmonieuse, & au bruit des tambours & des cymbales retentissantes, le *Te Deum*, cet Hymne d'action de graces & d'allégresse publique, que l'artillerie, ce bruit de guerre & de réjouissance, ont annoncé avec fracas, & qu'un feu roulant a accompagné & fait répéter aux échos. Ce Cantique, enfin, fait pour honorer & rendre gloire à la Divinité, au « Dieu qui a créé la Terre par sa *puissance*, qui » a affermi le Monde par sa *sagesse*, qui a étendu » les Cieux par sa souveraine *intelligence* (2) »,

(1) Discours du Roi, du 4 Février 1790.
(2) Jérémie, 10, 12.

à Dieu « qui est glorifié au-dessus des Cieux & » loué par toute la Terre (1). Car voilà, Citoyens, quel est celui en qui doit être tout votre espoir, toute votre confiance; il est seul « *celui » qui est* » (2). Et ce sont les hommages à sa puissance, à sa sagesse, à son amour, qui ont couronné & dû couronner cette auguste cérémonie, qui à jamais sera mémorable dans les fastes de l'Histoire. Voilà ce qui s'est passé dans ce grand jour de la Liberté Françoise, dans ce jour tout consacré aux fêtes (il suffit de vous les rappeller) dans ce jour, dis-je, qui a cimenté cette union si desirable, si précieuse au Monarque, si avantageuse & si consolante pour la Nation, d'être libre sous un Roi. Car l'amour du bien public, l'amour sacré de la Patrie doit unir réciproquement les Souverains & les Peuples; le salut de l'Etat n'est pas moins le salut de chaque Citoyen dans la Monarchie que dans tout autre Gouvernement.

« Mais, par combien d'artifice n'essaye-t-on pas de persuader au Souverain (disoit M. d'Aguesseau en 1715) que l'intérêt du Prince n'est pas toujours l'intérêt de l'Etat. Malheur à ceux, dit-il, dont la coupable flatterie ose introduire une distinction injurieuse aux Rois, souvent fatale à leurs Peuples, & toujours contraire aux maximes d'une saine politique. Faut-il qu'un succès trop heureux soit quelquefois la récompense de ceux qui divisent ainsi deux intérêts inséparables; voudroient, s'il étoit possible, avilir la Patrie aux yeux de celui qui en est le pere? Cet intérêt

(1) Habac. 3. 3.
(2) Job. 23. 13.

imaginaire du Prince, qu'on oppose à celui de l'Etat, devient l'intérêt des flatteurs, qui ne pensent qu'à en abuser; ils augmentent en apparence l'autorité de leur Maître, & en effet leur fortune particuliere, ou plutôt ils s'approprient la fortune publique; & s'ils veulent que le pouvoir du Souverain soit sans bornes, c'est afin de pouvoir tout pour eux-mêmes.... Avouons-le néanmoins, continue ce respectable Magistrat, un cœur magnanime s'affranchit aisément de la servitude de son intérêt particulier..... Quelle est donc sa consolation, dit-il, lorsque, par un bonheur singulier, ou plutôt par une sagesse suprême, il voit se former sous ses yeux un nouvel ordre de Gouvernement, & comme une nouvelle Patrie, qui semble porter sur son front le présage certain de la félicité publique! C'est alors que l'amour de la Patrie se rallume dans tous les cœurs: les liens de la Société se resserent: les Citoyens trouvent une Patrie, & la Patrie des Citoyens; chacun commence à sentir que sa fortune particuliere dépend de la fortune publique: ce qui est encore plus consolant, l'intelligence qui nous gouverne n'est pas moins convaincue que le salut du Souverain dépend du salut de ses Peuples » (1).

Ce sentiment, exprimé par LOUIS XVI, ce bon Roi, proclamé unanimement *Roi des François & Restaurateur de la Liberté*; ce sentiment si naturel à son cœur, & qu'il a fait connoître de vive voix à la députation de la Garde Nationale, lors de la Fédération, mérite d'être rappellé & sans cesse mis sous les yeux des Citoyens, pour toujours être présent à leur esprit & à leur cœur,

(1) D'Aguesseau, tom. 1er, *in*-4°, 19e Mercuriale, de l'amour de la Patrie.

» Redites à vos Concitoyens, dit-il, que j'aurois voulu leur parler à tous comme je vous parle ici; redites-leur que leur Roi est leur pere, leur frere, leur ami ; qu'il ne peut être heureux que de leur bonheur, grand que de leur gloire, puissant que de leur liberté, riche que de leur prospérité, souffrant que de leurs maux. Faites sur-tout entendre les paroles, ou plutôt les sentimens de mon cœur, dans les humbles chaumieres & dans les réduits des infortunés. Dites-leur que si je ne puis me transporter avec vous dans leurs asyles, je veux y être par mon affection & par les loix protectrices du foible; veiller pour eux, vivre pour eux, mourir s'il le faut pour eux : dites, enfin, aux différentes Provinces de mon Royaume, que plutôt les circonstances me permettront d'accomplir le vœu que j'ai formé de les visiter avec ma famille, plutôt mon cœur sera content ».

François, Citoyens de toutes les classes, soyez donc magnanimes, affranchissez-vous de la servitude de votre intérêt particulier, faites le sacrifice à votre Souverain de tous les souvenirs qui vous affligent, à votre Roi qui vous y invite avec tendresse & tant de témoignages de reconnoissance ; pour son repos, pour le vôtre, pour le bien de toute la Nation, soyez généreux, coopérez de tout votre pouvoir, de toutes vos forces, de tous vos talens, à la régénération & à la prospérité de l'Empire, & bientôt l'abondance vous fera jouir paisiblement de tous les fruits d'une sage administration. Vous ne vous plaindrez plus de la méchanceté des hommes, qui ne sont tels la plupart, dit *Salluste*, que parce qu'ils sont misérables ; & vous procurerez à votre Souverain, à un Roi chéri, la douce satisfaction, le vœu de son cœur, de visiter les différentes Provinces de son Empire, & de jouir du bonheur & de la félicité de ses Peuples, dont il est le soutien, le protecteur & l'ami. Citoyens, aimez la vérité & la paix (1) ; tout vous y convie, le bon ordre, votre intérêt, la Philosophie & la Religion.

« Déchargez de tous leurs fardeaux, vous dit-elle, ceux qui sont accablés ; renvoyez libres ceux qui sont opprimés par la servitude, & brisez tout ce qui charge les autres ; faites part de votre pain à celui qui a faim, & faites entrer en votre maison les pauvres ou ceux qui ne savent où se retirer. Lorsque vous verrez un homme nud, revêtez-le, & ne meprisez point votre propre chair. Alors, votre lumiere éclatera comme l'aurore ; vous recouvrerez bientôt votre santé ; votre justice marchera devant vous, & la gloire du Seigneur vous protégera (2). Aimez la vérité & la paix, parce que le Seigneur est votre Juge, & qu'il n'a point d'égard à la condition des personnes (3). Dieu n'excepte personne, & il ne respectera la grandeur de qui que ce soit, parce qu'il a fait les grands comme les petits, & qu'il a également soin de tous » (4).

De quelque superbe distinction que se flattent les hommes, ils ont tous une même origine & une même fin. Nous mourrons tous, dit cette femme, dont l'Ecriture à loué la prudence au second Livre des Rois, « & nous nous écoulons

(1) Zacha. 8. 19.
(2) Isaïe, 58. 6-8.
(3) Eccl. 35. 15.
(4) Sag. 6. 8.

» sur la terre comme des eaux qui ne revien» nent plus ». Les années se poussent successivement comme des flots. Elles ne cessent de s'écouler, tant qu'enfin les hommes, après avoir fait un peu de bruit & traversé un peu plus de pays les uns que les autres, ils vont tous ensemble se confondre dans un abîme, où l'on ne connoît plus ni Princes, ni Rois, ni Reines, ni Grands, ni Nobles, ni toutes ces qualités superbes qui distinguent les hommes, & c'est alors que « Toute œuvre excellente sera enfin recon» nue pour ce qu'elle est, & celui qui l'aura » faite, y trouvera sa propre gloire » (1).

Aimez la vérité & la paix, car « il n'y a point de sagesse, il n'y a point de prudence, il n'y a point de conseil contre le Seigneur (2). C'est lui qui change les temps & les siecles, qui transfere & qui établit les Royaumes, qui donne la sagesse aux Sages & la science à ceux qui ont l'intelligence & la lumiere » (3). Les œuvres de tous les hommes lui sont présentes, & rien n'est caché à ses yeux (4). Il est juge & témoin ; c'est lui seul qui punit, lui seul qui récompense ».

Soyez donc unis, mes Concitoyens, & sans cesse rappellez-vous ce jour de la Fédération. Mais, que dis-je ? Nous voici rassemblés dans ce même lieu. François ! quel contraste, je le répete, quel contraste étonnant avec ce jour de bonheur & de félicité qui a lui sur la France le 14 Juillet ! Qui auroit présumé qu'une fête si touchante, si magnifique, seroit bientôt suivie d'une céré-

(1) Eccl. 14. 21.
(2) Prov. 21. 30.
(3) Daniel, 2. 21.
(4) Eccl. 39, 24.

monie

monie aussi triste, aussi lugubre, où nous serions obligés de pleurer sur la tombe de nos fideles & généreux freres, qui, n'aguere, étoient avec nous dans ce même lieu, & prenoient part à notre commune allégresse !

Que ce Champ de la Fédération, mes chers Concitoyens, est triste aujourd'hui ! Entouré des signes de la mort, un crêpe funebre, un drap noir en circonscrivent l'immense pourtour; cette entrée si triomphante annonce le deuil; l'amphithéâtre où est le trône de notre Monarque chéri, & les places destinées à notre auguste Assemblée, ne donnent plus que le coup-d'œil de la tristesse la plus profonde.

Dans ce lieu de douleur déja se rendent les Citoyens armés; un Peuple nombreux remplit une partie du pourtour de ce vaste Champ. Bientôt toutes les places de ce Cirque immense sont occupées; & l'amphithéâtre & tout le Champ présentent aux yeux ce coup-d'œil admirable, mais triste, de la Fédération, où plus de trois cens mille ames attendent le moment de réunir leurs vœux & leurs prieres à leurs freres d'armes, qui couvrent l'intérieur du Champ de leurs bataillons & de leurs drapeaux, auxquels se sont unis ceux des villes & villages circonvoisins & les détachemens de troupes de lignes. Ils attendent le signal; les Prêtres sont au pied de l'Autel, prêts à commencer le saint Sacrifice en faveur du repos des ames de nos freres, qui, glorieusement, ont péri les armes à la main pour la défense commune de la Patrie & de la Liberté, & la religion de leur Serment.

L'Autel qui s'éleve au milieu de ce Champ est orné de crêpes funebres. Quatre peupliers ornent ce lieu, aujourd'hui de douleur; le tombeau de nos Concitoyens est au pied, entouré d'ornemens funéraires, de torches ardentes & sépulcrales. Une voix semble sortir de ce triste & affreux monument, prononcer ces paroles de l'Ecriture, & les adresser à tout le Peuple, à toute la Nation, ainsi que *Mathatias* à ses enfans, « Le regne de l'orgueil s'est affermi; voici un temps de châtiment & de ruine, d'indignation & de colere. — Maintenant donc, ô mes fils! soyez de vrais zélateurs de la Loi, & donnez vos vies pour l'alliance de vos Peres. — Considérez tout ce qui s'est passé de race en race, & vous trouverez que tous ceux qui esperent en Dieu, ne succombent point. — Vous donc, mes enfans, armez-vous de courage & agissez vaillamment pour la défense de la Loi, parce que c'est elle qui vous comblera de gloire » (1). Déja les cierges sont allumés, les Prêtres sont vêtus de leurs ornemens sacerdotaux; tout annonce le moment du Sacrifice; l'Armée Nationale, en deuil, fait des évolutions; les tambours, couverts de crêpes, battent d'un ton sourd & lugubre; les drapeaux, avec le signe de la tristesse, épars dans les bataillons, se rapprochent lentement; ils entourent le pied de l'Autel, qu'ils couvrent de leurs ombres agitées. Tout est préparé. Des quatre coins de ce lieu sacré s'éleve la flamme qui consume l'encens, dont la vapeur s'éleve dans les airs à la gloire de l'Être suprême, du Dieu des Armées. Les Soldats citoyens sont sur les dégrés de cet auguste lieu; les Vieillards-vétérans, autrefois les soutiens de l'Empire, sont

(1) 1. Machab. ch. 2.

d'un côté ; les Enfans, espoir de la Nation, sont de l'autre ; & toute la troupe, enfin, marche les armes basses, en signe de tristesse ; & tous les Citoyens, la douleur dans l'ame, les suivent des yeux.

Le bruit du canon se fait entendre ; toute l'artillerie, dont les échos répétent le bruit de guerre, est le signal donné. Déja nous appercevons les Prêtres, marchant tristement autour de l'Autel, & nous présentent le spectacle d'un convoi funebre ; les drapeaux s'inclinent à leur passage, & reçoivent, chacun, la marque d'honneur, la couronne qu'ils ont méritée par le courage des Citoyens dont nous pleurons la mort.

Le Prêtre est à l'Autel ; la cérémonie du Sacrifice est commencée, & les prieres & les vœux des Prêtres, des Citoyens soldats, des Soldats citoyens, de leurs Officiers, des Magistrats, des Généraux & de tout le Peuple, s'élevent, dans un silence respectueux, à l'Éternel, & sous la voûte des Cieux, dans ce Temple magnifique de la Nature, dans ce Temple où brillent aux yeux les astres étincelans, & cet astre radieux, l'ornement & la beauté de l'Univers, & l'objet de l'admiration de toutes les créatures.

C'est là que, rassemblés autour de cet Autel, élevé en l'honneur de la Patrie & à la gloire du Très-Haut, « à qui appartient la souveraine puissance sur toutes les créatures, la grandeur & le commandement sur tous les hommes » (1) ; c'est là, dis-je, que tous les François se sont juré, en sa présence, une éternelle union de fraternité & d'amour, & prononcé, sous ses

(1) 1. Paral. 29. 12.

yeux, ce serment sacré d'être fideles à la Nation, à la Loi & au Roi, & que leur Souverain a sanctionné, en face de ce souverain Juge des esprits & des cœurs, par ces paroles d'union & de concorde « je jure à la Nation de maintenir la Constitution, & de faire exécuter les Loix ».

C'est sur cet Autel, où s'est offert un Sacrifice d'action de graces & de reconnoissance, que s'offre aujourd'hui ce Sacrifice funebre de tristesse & de douleur, en mémoire de nos freres tués sous les murs de Nancy, & pour leur mériter du Ciel, par nos prieres & nos larmes, unies aux mérites du divin Médiateur, la précieuse récompense du mérite & de la vertu que dispense le Dieu des combats, « le Dieu *qui est l'espérance de toutes les Nations de la Terre* ».

Tout le Peuple est en prieres, les yeux fixés sur le Prêtre à l'Autel; la Messe est avancée; le bruit du canon tonne de nouveau dans l'air; toute l'artillerie fait une décharge; le Sacrifice est annoncé; les Prêtres sont à genoux; les Soldats présentent leurs armes; les tambours battent d'un ton lugubre : tout-à-coup trois cens mille ames se levent, tombent à genoux, se prosternent; tout Paris, toute la France prennent part à cet auguste Sacrifice, en la personne des Députés de son Assemblée. Dans le recueillement le plus profond, le silence le plus imposant & le plus majestueux, le Peuple, les yeux toujours fixés vers l'Autel, voyoit avec attendrissement le tombeau silencieux de leurs freres, &, les larmes aux yeux, le cœur navré, l'ame élevée vers le Ciel, où perpétuellement il voyoit s'élever la flamme & la vapeur de l'encens qui brûle sur les quatre coins de ce lieu sacré, &

semblent porter leurs vœux à l'Éternel, jusques dans son séjour de gloire, dans ce séjour où :

Ses Saints, dans les douceurs d'une éternelle paix,
D'un torrent de plaisirs enivrés à jamais,
Pénétrés de sa gloire & remplis de lui-même,
Adorent à l'envi sa majesté suprême (1).

Ce sont ces pensées sublimes, dont l'ame est remplie, & qui l'éleve jusques dans les Cieux, qui font éprouver à tous ce sentiment secret de douleur & de plaisir, & qui forcent leurs yeux à se mouiller de larmes d'amitié, de fraternité, de tendresse &, en même temps, de douleur & d'espérance, sur la félicité de ceux dont ils pleurent la mort ; car ils disent dans leur cœur, avec le Roi Prophete, « ils seront enivrés de l'abondance qui est dans votre maison ; & vous les ferez boire dans le torrent de vos délices, parce que la source de la vie est dans vous : & nous verrons la lumiere dans votre lumiere même » (2). Voilà le motif qui tarit leurs larmes, & le sujet de leur consolation. « Car, qu'y a-t-il pour moi, disent chacun d'eux, en se servant des paroles de ce grand Roi, qu'y a-t-il pour moi dans le Ciel, & que désirerai-je sur la Terre, sinon vous..... ô Dieu ! qui êtes le Dieu de mon cœur, & mon partage pour toute l'éternité » (3).

Le Sacrifice est consommé ; tous les cœurs se sont unis par l'amour ; l'offrande est portée par le divin Médiateur ; « car il n'y a qu'un

(1) M. de Voltaire.
(2) Pseaum. 35. 9. 10.
(3) Pseaum. 72. 24. 25.

Dieu, ni qu'un Médiateur entre Dieu & les hommes, Jesus-Christ, homme » (1). C'est lui qui, souverain Législateur, enseigne cette Loi divine qui soutient & éclaire la raison naturelle de l'homme, en l'aidant de sa grace.

Enfin, cette offrande est portée par celui-là même qui nous a dit, « *je suis la voie, la vérité & la vie;* personne ne vient au pere que par moi (2) — Si vous me demandez quelque chose en mon nom, je le ferai (3). — Je suis venu dans le monde afin de rendre témoignage à la vérité : quiconque appartient à la vérité, écoute ma voix (4). — Si vous m'aimez, nous dit-il, gardez mes commandemens (5). — Le commandement que je vous donne, est de vous aimer les uns les autres, comme je vous ai aimés. — Personne ne peut avoir un plus grand amour que de donner sa vie pour ses amis. — Vous êtes *mes amis*, si vous faites les choses que je vous commande » (6).

Citoyens, vous le sçavez, « la fin des commandemens, c'est la charité, qui naît d'un cœur pur, d'une bonne conscience & d'une foi sincere » (7).

Voilà quel est le desir de votre auguste Médiateur, de celui qui vous honore du titre glorieux d'*ami*.

O homme! quel est donc la dignité de votre

(1) 1. Timoth. 2. 5.
(2) Jean, 14. 6.
(3) *Idem.* 14. 14.
(4) *Idem.* 18. 37.
(5) *Idem.* 14. 15.
(6) *Idem.* 15. 12-14.
(7) 1. Timoth. 1. 5.

être, celle de votre origine, vous qui êtes appellé *ami* par le souverain Législateur, par Jesus-Christ, le Verbe, la Parole, la Sagesse, le Fils de Dieu, Dieu lui-même! en un mot, par le Principe de toutes choses, de qui il est dit : « il étoit au commencement avec Dieu; toutes choses ont été faites par lui; & rien de ce qui a été fait, n'a été fait sans lui » (1).

Le Créateur du Ciel & de la Terre, Citoyens, voilà votre ami!

Que vos esprits & vos cœurs s'élevent donc! que vos ames s'aggrandissent! enfin, connoissez toute la grandeur & la dignité de votre être, vous qui avez été créés à l'image de Dieu. — « Car Dieu a créé l'homme immortel, il l'a fait pour être une image qui lui ressemblât » (2). -- Elevez-vous donc, mais sans orgueil! rendez-vous digne de cette divine ressemblance & de l'*amitié* de celui qui vous invite avec tant de tendresse d'aller à lui! « Venez à moi, vous dit-il, vous tous qui êtes fatigués & qui êtes chargés, & je vous soulagerai; prenez mon joug sur vous, & apprenez de moi que je suis doux & humble de cœur, & vous trouverez le repos de vos ames. — Car mon joug est doux & mon fardeau est léger » (3).

Enfin, mes chers Concitoyens, rendons-nous dignes d'une telle amitié, de l'amitié de celui qui nous a témoigné tant d'amour, & qui nous a aimés jusqu'au dernier période de l'amitié, puisqu'il s'est offert pour nous en sacrifice, &

(1) Jean. 1. 2. 3.
(2) Sag. 2. 23. Gen. 1. 26. 27. Eccl. 17. 1.
(3) Math. XI. 28-30.

qu'aujourd'hui il s'offre encore & réunit en sa personne divine, & nos vœux & nos hommages, qu'il rend dignes de la grandeur & de la majesté de Dieu, & nous fait, avec confiance, espérer & croire au souverain bonheur, à la gloire & à la félicité de nos freres qui ont quitté la terre & sont dans son sein, pour y jouir à jamais de lui-même, de la vue de ses infinies perfections; car Dieu est lui-même la récompense du mérite & de la vertu. « Je suis, dit-il, votre Protecteur & votre récompense infiniment grande » (1).

Voilà le terme de nos vœux, voilà la couronne glorieuse que nous souhaitons à nos freres, & que nos cœurs attendris & nos prieres & nos larmes sollicitent & demandent pour récompense infinie de leur courage & de leurs vertus.

C'est là, Citoyens, toute la grandeur du Sacrifice, toute la dignité de la Victime qui vient d'être offerte sur l'autel de la Patrie, en commémoration & pour le repos des ames de nos Concitoyens! C'est tout ce que vous pouvez, sur la terre, de plus grand & de plus méritoire pour leur bonheur & leur félicité. Pour honorer leurs cendres inanimées, vous pouvez jetter quelques fleurs sur leur tombe, témoigner ainsi aux yeux tous vos regrets, vrais mais foibles témoignages des derniers devoirs de l'humanité envers les morts. Cependant le Clergé descend de l'Autel, &, accompagné de M. le Commandant de la Garde Nationale, traverse le Champ de la Fédération, & vont vers le Trône du Souverain & la Gallerie destinée aux Représentans de la Nation, pour inviter la députation de l'auguste Assemblée Na-

(1) Gen. 15. 1.

tionale à s'approcher de l'Autel, pour rendre ces derniers devoirs, ces purs devoirs de cérémonie, aux manes de ces généreux guerriers. Ils s'unissent au cortege, & déja nous les voyons monter les dégrés de l'Autel, en faire le tour & s'approcher du Mausolée, où tous, pénétrés de douleur & d'admiration, ils jettent sur leur tombe l'eau-bénite, ce signe de bénédiction & d'amour, au nom de tout le Peuple assemblé, au nom de toute la France. La ville de Paris, en la personne de M. le Maire, de MM. les Officiers Municipaux; tous les Citoyens militaires, en celles de MM. leurs Commandant & officiers, au bruit du canon, des tambours, des fanfares lugubres, répetent tour-à-tour cette triste cérémonie, & lisent, à la gloire de ces généreux défenseurs, les inscriptions suivantes, placées aux quatre coins de l'Autel.

I.

Aux manes des braves guerriers morts à Nancy, le 31 Août 1790, pour la défense de la Loi.

II.

Ennemis de la Patrie, tremblez, ils ont laissé leur exemple.

III.

Le marbre & l'airain périront, mais leur gloire est éternelle comme l'empire de la Liberté.

IV.

C'est ici qu'ils venoient de jurer d'être fideles à la Nation, à la Loi & au Roi.

Tout le cortege funebre entoure ce monument de tristesse. Les yeux mouillés de larmes & le cœur pénétré de douleur, s'unissent aux voix des Prêtres & des Citoyens, & font retentir l'air de leurs triſtes accens, en chantant les cantiques & les paroles ſacrées de l'Ecriture & du Pſalmiſte Roi, & uniſſant leurs regrets aux épouſes, aux enfans infortunés, devenus ceux de la Patrie, qui pleurent un mari, un pere, un frere, un parent, un ami, font répéter aux échos, ainſi que le jour de la Fédération l'on fit l'Hymne d'action de graces, ces paroles de triſteſſe du Roi Prophete, que mille & mille voix prononcent, que l'harmonie porte à l'ouie comme un ſon & l'écho répéte comme une ſeule voix.

« Seigneur, faites paroître d'une maniere éclatante vos miſéricordes, vous qui ſauvez ceux qui eſperent en vous (1). — Daignez ne vous plus ſouvenir des iniquités de nos peres; mais ſouvenez-vous plutôt, en ce temps-ci, de votre main toute puiſſante & de votre ſaint nom (2). — Car la ſouveraine puiſſance eſt à vous ſeul, & vous demeurera toujours (3). — Ce n'eſt point par la confiance en notre propre juſtice que nous vous offrons nos prieres, en nous proſternant devant vous; mais c'eſt dans la vue de vos miſéricordes (4). — Les richeſſes & la gloire ſont à vous; c'eſt vous qui avez la ſouveraine puiſſance ſur toutes les créatures. La force & l'autorité ſont entre vos mains; vous poſſédez la grandeur & le commandement ſur tous les hommes (5). — Vous faites voir votre puiſſance, lorſqu'on ne vous croit pas ſouverainement puiſſant, & vous confondez l'au-

(1) Pſeaum. 16. 8.
(2) Baruch. 3. 5.
(3) Sag. 11. .22
(4) Daniel, 9. 18.
(5) 1. Paral. 29. 12.

dace de ceux qui ne vous connoiſſent pas (1). — O Tout-Puiſſant! O Dieu des eſprits qui animent toute chaire (2)! que toutes vos créatures vous obéiſſent, parce que vous avez parlé & elles ont été faites; vous avez envoyé votre eſprit, & elles ont été créées, & nul ne réſiſte à votre voix. (3) — C'eſt pour cela qu'un peuple puiſſant vous rendra gloire ....., parce que vous êtes devenu la force du foible dans ſon affliction, ſon refuge contre la tempête, ſon rafraîchiſſement contre la chaleur, car la colere des puiſſances eſt comme une tempête qui vient fondre contre une muraille. (4) — Et qui pourra réſiſter à la force de votre bras, (5) — vous qui donnez la vie à toutes ces créatures, & que l'armée du Ciel adore (6).

Que vos ouvrages, Seigneur, ſont grands & magnifiques! que vos penſées ſont profondes & impénétrables (7)!

Citoyens, ce ſont là quelques-unes des paroles que vous avez adreſſées à l'Etre ſuprême, au Dieu protecteur & l'eſpérance de toutes les Nations ».

« Agiſſez donc avec grand courage, vous dit le Roi Prophete, & que votre cœur s'affermiſſe, vous tous qui mettez votre eſpérance au Seigneur; (8) dites avec ce grand Roi: *le Seigneur*

---

(1) Sag. 12. 17.
(2) Nomb. 16. 22.
(3) Judith. 16. 17.
(4) Iſaïe, 25. 3. 4.
(5) Sag. 11. 22.
(6) 2. Eſdras, 9. 6.
(7) Pſeaum. 91. 5.
(8) Pſeaum. 30. 31.

est ma lumiere & mon salut, qui est-ce que je craindrai ? — Le Seigneur est le défenseur de ma vie ; qui pourra me faire trembler ? (1)

François, mes Concitoyens, voilà le langage d'un des plus grands Rois, c'est celui de tous les grands hommes qui ont bien mérité de leur patrie. L'Etre suprême, voilà leur appui, leur espoir, la base de leur courage. Confiant en sa force, en sa puissance, ils volent à la victoire. Défendre leur patrie, la liberté, les loix & son Roi, est leur premier devoir ; car, si l'on est obligé d'aimer tous les hommes, & qu'à vrai dire, il n'y ait point d'étranger pour le Chrétien, à plus forte raison doit-on aimer ses Concitoyens. Car tout l'amour qu'on a pour soi-même, pour sa famille & pour ses amis, se réunit, dit M. *Bossuet*, dans l'amour qu'on a pour sa patrie, où notre bonheur & celui de nos familles & de nos amis est renfermé. Aussi, dit *Cicéron*, quand il sera question de se déterminer entre plusieurs devoirs, on doit préférer ceux qui vont au bien de la société humaine. Entre ceux-là, dit-il, il y a différens dégrés ; & il est aisé de voir dans quel ordre on les doit ranger, puisque ce que nous devons aux Dieux immortels va devant ; ce que nous devons à la patrie vient après, ensuite vient ce que nous devons à nos peres & nos meres, ainsi du reste.

L'hommage à la Divinité est le premier des devoirs. Cet illustre orateur Payen l'a reconnu. « Je ne sçais, dit-il, si, en bannissant la religion & la piété, on ne détruit pas en même temps la bonne foi & la société du genre humain ; & par-

---

(1) Psaum. 26, 1, 2.

conséquent la justice qui est la plus excellente des vertus « & la plus nécessaire aux Souverains & aux Ministres, & à tous ceux chargés de l'administration. Car si la piété éclairée est dans le Peuple le plus ferme appui d'une autorité légitime; dans le cœur du Souverain & des Ministres, elle est le gage de la sûreté du Peuple, & produit sa confiance; elle montre un Juge entre les Rois & les Peuples; enfin, le plus solide appui des Loix, c'est la Religion, puisqu'elle est le garant de l'inviolabilité des sermens, le lien des cœurs & le pivot sur lequel roule le bonheur des Empires. Ainsi, soyons donc fideles à la Religion, pour l'être à la Nation, à la Loi & au Roi. La Religion est donc le premier principe sur lequel la sagesse humaine doit se régler. Et la premiere & la meilleure de toutes les Philosophies, est d'être homme de bien.

L'amour de la Patrie, enfin, n'est autre chose que l'amour du bien public; cet amour qui lie les Rois à leurs Peuples, comme à leurs enfans; les Peuples à leurs Rois, comme à leurs peres; les Peuples entr'eux, comme les enfans d'une même famille, & dont l'intérêt est le même.

Ce n'est pas assez de pleurer les maux de ses Concitoyens & de son Pays, dit Bossuet, il faut exposer sa vie pour leur service. Il n'y a rien de plus ordinaire dans la bouche de Judas, de Jonathas & de Simon que ces paroles : « mourons pour notre Peuple & pour nos Freres.... Si notre heure de mourir est arrivée, mourons en gens de cœur pour nos freres, & ne mettons point de tache à notre gloire » (1). L'Ecriture sainte est

(1) 1. Mach. 9. 10.

pleine d'exemples où l'on apprend tout ce que l'on doit à sa Patrie.

« Malheur à ceux qui manquent de cœur, & qui ne se fient point à Dieu ; & que Dieu, pour cette raison, ne protege point » (1). — Sur toutes choses, priez le Très-Haut, afin qu'il vous conduise dans le droit chemin de la vérité (2). — Ayez confiance en Dieu de tout votre cœur, & ne vous appuyez point sur votre prudence. — Pensez à lui dans toutes vos voies, & il conduira lui-même vos pas (3.. — Car les yeux du Seigneur sont ouverts sur toute la Terre, & il inspire de la force à ceux qui se confient en lui d'un cœur parfait (4). — Ne touchez point aux bornes des petits, & n'entrez point dans le champ des orphelins. — Car celui qui leur est proche est puissant, & il se rendra lui-même contre vous le défenseur de leur cause » (5).

Car il est l'appui des foibles & la force de ceux qui n'en ont point sur la terre.

« Traitez les hommes de la même maniere que vous voudriez vous-même qu'ils vous traitassent ; car c'est la Loi & les Prophêtes (6). -Vous a-t-on établi pour gouverner les autres ? ne vous en élevez point. Soyez parmi eux comme l'un d'entre eux (7) ; — ayez sans cesse devant les yeux cette pensée de Périclès, lorsqu'il prenoit sa robe de Magistrat.

---

(1) Eccl. 2. 15.
(2) Eccl. 37. 19.
(3) Prov. 3. 5. 6.
(4) 2. Parl. 16. 9.
(5) Prov. 23. 10. 11.
(6) Luc, 6. 31. Math. 7. 12.
(7) Eccl. 32. 1.

« Pense à toi Périclès, se disoit-il à lui-même, tu commandes à des hommes libres, non pas à des esclaves; tu commandes à des Citoyens qui sont pareils à toi, tu commandes à des Athéniens ».

Enfin, vous tous qui formez l'ensemble de la société, où regne l'ordre, la nécessité des rangs & les talens utiles, écoutez la voix des dignités qui crient à ceux qui en sont revêtus, devenez par nous le pere de l'orphelin, l'époux de la veuve affligée, l'appui du foible, le bouclier de l'innocence persécutée. Vous tous, affermissez votre cœur dans la droiture d'une bonne conscience; car vous n'aurez point de plus fidele Conseiller. (1). — Dans toutes vos œuvres, écoutez votre ame & soyez-lui fidele; car c'est ainsi qu'on garde les Commandemens de Dieu (2). — Car nous portons dans le fond de notre être cette loi toujours vivante qui nous éclaire dans nos doutes, qui nous avertit de nos erreurs, qui récompense nos vertus, qui punit nos crimes par les sentimens intérieurs qui nous consolent ou qui nous déchirent.

« Pourquoi vous imaginer, dit *Juvénal* (3), que ces gens sans foi, sans probité ne sont point punis de leurs crimes? Oui, ce méchant homme se condamne soi-même à tous momens; il est saisi d'une secrete horreur. Il se persécute, il se tourmente, il est lui-même son bourreau..... Quoi! avoir dans le fond de son ame jour & nuit un secret témoin de son crime? Ah quel tourment »!

(1) Eccl. 37. 17.
(2) Eccl. 32. 27.
(3) Sat. III.

Oui, si les bons ont un trésor de consolation dans la conscience, les méchans trouvent en elle un dénonciateur, un témoin, leur Juge & leur supplice. « La voie des méchans est pleine de ténebres, ils ne sçavent où ils tombent. — Mais le sentier des justes est comme une lumiere brillante qui s'avance & qui croît jusqu'au jour parfait (1). »

» Le Seigneur ne se donne qu'à ceux qui l'attendent en paix dans la voie de la vérité & de la justice (2). »

« Enfin, soyez ferme & courageux, ne craignez point & ne vous épouvantez point; car, en quelque part que vous alliez, le Seigneur votre Dieu sera avec vous (3). « Ce sont ces paroles de l'écriture qui soutenoient le grand Turenne, l'homme le plus sage & le plus grand des Capitaines françois; ce grand homme, pénétré de ces principes, considéroit ses soldats comme ses freres, & se les attacha par des nœuds de respect & d'amitié, & se fit rendre par sa modération une obéissance aisée & volontaire. Il parle, chacun écoute ses oracles; il commande, chacun avec joie suit ses ordres; il marche, chacun croit courir à la gloire.

Ce grand homme, la terreur de nos ennemis & le modele des honnêtes gens, ne perdit jamais à la tête des armées & au milieu des victoires ces sentimens de religion. Ce héros, dit *Mascaron*, n'a jamais plus vivement senti qu'il y avoit un Dieu au-dessus de sa tête que dans ces occasions

(1) Prov. 4. 18. 19.
(2) Eccl. 34. 22.
(3) Josué, 1. 9.

éclatantes,

éclatantes, où presque tous les autres l'oublient. C'étoit alors qu'il redoubloit ses prieres; on l'a vu même s'écarter dans les bois, où la pluie sur la tête, & les genoux dans la boue, il adoroit en cette humble posture ce Dieu devant qui les légions des anges tremblent & s'humilient. Il portoit dans ces occasions dangereuses un cœur d'autant plus ferme & plus intrépide que sa conscience étoit plus pure. Il adoroit Dieu en esprit & en vérité; il le prioit avec une charité ardente & une humilité sincere, & il disoit ce que doit dire tout bon Citoyen en se servant des paroles de David, ce grand Prophête & grand Roi.

« Le Seigneur est ma lumiere & mon salut ; qui est-ce que je craindrai ? Le Seigneur est le défenseur de ma vie ; qui pourra me faire trembler ? ». (1) — C'est en Dieu que je trouve mon salut & ma gloire; c'est de Dieu que j'attends du secours, & mon espérance est en Dieu (2). — Car qu'y a-t-il pour moi dans le Ciel, & que désirai-je sur la terre, sinon vous ?..... O Dieu, qui êtes le Dieu de mon cœur & mon partage pour toute l'éternité (3) !

Je le répete encore. Aimez seulement la vérité & la paix (4) — Et vous serez sincerement amis ; car mes chers Concitoyens, « Nous ne devons compter, dit Saint-Augustin, pour nos véritables amis que ceux de qui la vérité est la premiere & la principale amie ». Reconnoissez avec *Ciceron*, & sachez, « Que l'amitié ne nous a pas été

(1) Pseaum. 26. 1. 2.
(2) Pseaum. 61. 7.
(3) Pseaum. 72. 24. 25.
(4) Zach. 8. 19.

donnée de la nature pour être l'instigatrice & la compagne des vices, mais pour être un aide & un soutien à la vertu ». Aimez la vérité & la paix ; vous ne pouvez trop répéter & entendre ces mots. Soyez ferme dans la voie du Seigneur, dans la vérité de vos sentimens & dans votre science, & que la parole de paix & de justice vous accompagne toujours (1). — Alors l'ordre & la concorde renaîtra ; l'unité d'action & d'affection rassemblera tout, & vous mériterez d'être appelés du nom sacré de l'amitié ; vous serez amis, vous aurez une Patrie ; vous jouirez de la plus grande satisfaction, *dit Horace*, de celle qui vous rend amis de vous-même ; vous serez les amis de votre Souverain, l'ami enfin de celui où doit se rapporter toutes les affections humaines, comme à leur centre, pour leur donner tout le mérite qui les ennoblit & les rend dignes de vous mériter toutes les libéralités & les grâces du souverain Monarque de l'univers.

Enfin, soyez libre, c'est-à-dire, suivez les lumieres d'une droite raison, soyez l'ami des loix protectrices de la vérité, de la justice & de la paix. Elevez-vous, mais sans orgueil, afin de vous humilier sous l'empire & la volonté du souverain Être & des loix. Car quelque soit votre volonté, elles s'exécuteront. C'est une nécessité que tout ce qui est créé soit soumis à la Providence, soit que l'homme le veuille ou qu'il ne le veuille point ; ce que Dieu a résolu s'exécutera toujours ; il faut que tout suive l'ordre, que tout rentre dans l'unité par amour & liberté, en faisant & souffrant ce qui est juste, ou par

(1) Eccl. 5. 12.

crainte & en esclave, en obéissant de force & contre son gré. Mais, » celui-là, *dit Marc-Antonin*, est gouverné & porté par l'esprit de Dieu, qui concourt avec Dieu à un même dessein, & qui regle ses volontés sur les siennes. » (1) — Ce sage Empereur Romain, ce Philosophe payen concluoit que, puisqu'il y a une Providence qui gouverne tout, c'est une nécessité indispensable de souffrir ce qu'elle ordonne, & que, dans la patience & la résignation est toute la sagesse des hommes. « Ce que l'on impute, dit-il, au hasard & à la fortune, se fait, ou par la nature, ou par la liaison & l'enchaînement des causes que la Providence régit; toutes choses prennent de là leur cours » (2). — Soyez donc grands par votre soumission, par l'élévation de votre ame, par vos sentimens & la noblesse de vos actions; car, Citoyens, on n'est véritablement grand qu'en faisant de grandes choses, & vous êtes tous appellés à ces grandes & sublimes qualités; c'est par là que vous atteindrez à cette divine ressemblance à laquelle & pour laquelle vous avez tous été formés.

C'est par la persuasion de ces grands principes de religion, de philosophie & de raison que vous connoîtrez vos droits & que vous serez soutenus dans l'exercice de tous vos devoirs; que, sans efforts & volontairement, vous rendrez à l'Être suprême les hommages qui lui sont dus, à la société entiere, & à votre patrie en particulier les devoirs réciproques d'amour, de charité; enfin, que vous serez sincerement & à jamais fidèles *à la Nation*, *à la Loi & au Roi*.

(1) Liv. 12. 25.
(2) Liv. 2, 3.

Lettre à une Parente, qui avoit témoigné de l'inquiétude à l'Auteur, sur les événemens présens.

Soyez raſſurée, tendre épouſe, parente aimable; continuez de faire le bonheur de l'époux qui vous chérit, & de toute la petite ſociété qui vous entoure dans votre petit manoir, dans cette ſolitude où j'ai habité, avec tant d'agrément, pluſieurs jours auprès de vous. Soyez raſſurée, une Providence veille ſur le deſtin de la France; des beaux jours vont renaître; la bonté d'un Roi, le premier ami de ſes Peuples, les travaux immenſes de l'auguſte Aſſemblée, qui ne ceſſe de s'occuper de la régénération de l'Empire, ſont d'heureux préſages du bonheur public; vous pourrez, en paix, voir ſillonner vos guérets, &, d'un œil ſatisfait, vaquer à tous les travaux qu'exige de vous tous les ſoins champêtres; vous vous verrez, ainſi que je vous ai vue, avec joie, entourée d'un volatile ardent qui réclamoit la nourriture que votre main libérale leur diſtribuoit; vous jouirez, enfin, du bonheur réſervé aux belles ames; vous jouirez, en paix, de tous les charmes que procurent l'habitation & les paiſibles travaux de la campagne; vous vous amuſerez de la lecture de l'hiſtoire de notre temps, & des événemens dont nous avons été les témoins; vous y verrez l'enchaînement qui lie les événemens les uns aux autres dans les Empires; vous y verrez ce que peuvent les mœurs, les opinions, ſur l'hiſtoire de l'eſprit humain, cettte succession de pensées & d'actions qui naissent, dans les Peuples, les unes après les autres, ou plutôt les unes des autres, & dont l'enchaînement bien observé, dit M. *de Fontenelle*, « pourroit donner lieu à des especes de *Prophéties* ».

Au risque de vous faire perdre quelques momens de vos utiles travaux, je veux en mettre une sous vos yeux, faite par le fameux *Léibnitz*, ce Philosophe qui voyoit, dans cet amas confus & immense des faits, un ordre & des liaisons délicates; il disoit, il y a plus de quatre-vingts ans, dans un temps où l'irréligion portoit encore le masque & ne comptoit qu'un petit nombre de sectateurs, « je trouve, disoit-il, que des opinions approchantes de celles d'Epicure & de Spinosa s'insinuant peu à peu dans l'esprit des hommes du grand monde qui reglent les autres, & dont dépendent les affaires, & se glissent dans les Livres à la mode, disposent toutes choses à la révolution générale dont l'Europe est menacée, & achevent de détruire ce qui reste encore dans le monde des sentimens généreux des anciens Grecs & Romains, qui préféroient l'amour de la Patrie & du bien public, & le soin de la postérité à la fortune & même à la vie. Ces *Publiks spirits*, comme les Anglois les appellent, diminuent extrêmement & ne sont plus à la mode; & ils cesseront davantage, quand ils cesseront d'être soutenus par la bonne Morale & par la vraie Religion que la raison naturelle même nous enseigne. Les meilleurs, du caractere opposé qui commence de regner, n'ont plus d'autre principe que celui qu'ils appellent de l'*honneur;* mais la marque de l'honnête homme & de l'homme d'honneur, chez eux, est seulement de ne faire aucune bassesse, comme ils l'apprennent..... L'on se moque hautement de l'amour de la Patrie ; on tourne en ridicule ceux qui ont soin du Public ; & quand quelqu'homme bien intentionné parle de ce que deviendra la postérité, on répond, *alors comme alors*. Mais il pourra arriver à ces personnes d'éprouver elles-mêmes les maux qu'elles croient réservés à d'autres. Si l'on se corrige encore de cette maladie d'esprit épidémique, dont les mauvais effets commencent à être visibles, ces maux seront peut-être prévenus : mais si elle va en croissant, la Providence corrigera les hommes par la révolution même qui en doit naître. Car, quoi qu'il puisse arriver, tout tournera toujours pour le mieux en général au bout du compte. Quoique cela ne doive & ne puisse pas arriver sans le châtiment de ceux qui ont contribué même au bien par leurs actions mauvaises.... » (1)

« Le divin *Bacon*, dit-il, a très-bien dit que la Philosophie, superficiellement étudiée, nous éloignoit de Dieu ; mais qu'elle nous y ramenoit, quand elle étoit approfondie. Nous l'éprouvons dans ce siecle également fécond en Savans & en Impies........ J'avoue que j'ai toujours vu avec indignation qu'on abuse des lumieres de l'esprit humain pour l'aveugler lui-même ; & je me suis appliqué à la recherche des vrais principes, avec d'autant plus d'ardeur, que je souffrirois plus impatiemment que des Novateurs entreprissent par leur subtilité de me priver du plus grand bien de cette vie, c'est-à-dire, de la certitude que mon ame survivra

(1) Esprit de *Leibnitz*, préface & tom. 1, pag. 8.

éternellement à mon corps, & de l'espérance qu'un Dieu infiniment bon couronnera enfin la vertu & l'innocence....... Pour moi, qui n'ai jamais douté que ce monde ne fût gouverné par une souveraine Providence, je regarde comme un trait particulier de cette Providence divine, que la Religion Chrétienne, dont la morale est si sainte, ait été revêtue à nos yeux de tant d'admirables caracteres. Car je ne disconviendrai pas que cette même Providence se manifeste dans la conservation de l'Eglise Catholique ».

Voilà, chere parente, le langage de ce Philosophe, un des plus grands génies qui ayent jamais paru dans le monde; voilà ce qu'il pensoit & ce que son esprit & sa pénétration voyoit, il y a presqu'un siecle, pour le tems où nous vivons & où nous sommes les témoins de la révolution qui s'opère dans nos climats, & se prépare pour tous les Empires de l'univers; où l'on voit la main puissante qui les domine, cette même puissance « qui trouble la mer & qui fait soulever ses flots (1) », qui lui a dit « vous viendrez jusque là & vous ne passerez pas plus loin, & vous briserez ici l'orgueil de vos flots » (2).

Nous en avons été témoins, il vous en souvient chere compagne de voyage en 1783, lorsque ce beau soir du mois de Septembre, sur les bords de la mer, où nous contemplions ce mouvement des eaux, ce flux & reflux de cette mer agitée qui rouloit ses vagues sur la plage caillouteuse; il vous souvient de ce soleil couchant & de son admirable effet sur ces vagues

(1) Isaïe, 51. 15.
(2) Job, 38. 11.

roulantes & tout en feu ; de ce moment où cet astre lumineux sembloit se plonger dans les eaux, & coloroit toute la mer, spectacle ravissant qui vous a ému, & qui nous a de concert fait admirer la puissance & la grandeur du souverain moteur de l'univers ; chere compagne, toujours avec plaisir je me retrace mon arrivée chez vous, vos soins empressés à me bien recevoir, la tendresse & les larmes de joie de votre respectable époux, ce repas champêtre préparé par l'amitié, cette société de parens & d'amis qui vous entourent; tout cela m'est toujours présent; notre départ du grand matin, notre arrivée à Honfleur, notre premier coup d'œil sur le port, ce mouvement, cette activité qui regne au moment de l'embarquement, votre crainte à monter sur le vaisseau, votre prompte détermination, enfin notre départ du port & notre entrée en pleine mer, où l'agitation des flots & le vent favorable nous a fait arriver en peu de tems chez les hôtes aimables vos anciennes amies, pour y jouir de tous les charmes d'une entrevue d'amitié ; toujours avec plaisir je me rappelle leur honnêteté, leur complaisance à nous procurer la vue de tout ce qu'il y a d'intéressant dans le Havre, cette charmante ville, où le port, qui est au centre, étoit rempli de vaisseaux, faisoit un coup d'œil admirable ; je me rappelle toujours ce moment où vous êtes venu me rappeller l'instant de notre rembarquement, ce matin où il y avoit peu d'heures que je reposois, m'étant occupé toute la nuit à rédiger sur mon journal le résultat de notre voyage ; il fallut néanmoins se déterminer, & déja nous flottons sur une mer agitée, & dans un brouillard épais qui ne nous laiſſe voir que notre vaiſſeau & les paſſagers ; le vent redouble, nous ſinglons rapidement ; tout-à-coup nous voyons les flots ſe découvrir, le brouillard fuir, & ſembler courir ſur les mers, & le ſoleil briller de tout ſon éclat ; quel coup d'œil admirable ! ces rayons briſés par les flots & la vue perdue ne voit plus d'un côté que le ciel & les eaux qui ſemblent ſe toucher, & les petits vaiſſeaux dans le lointain voler dans les cieux. Je m'arrête, je crains l'ennui que pourroit vous cauſer mes récits ; je ne puis cependant omettre le plaiſir qu'a cauſé notre retour, où, après avoir voyagé à pied, à cheval, en voiture, enfin par terre & par mer, nous ſommes arrivés la nuit en poſte à votre logis, pour y jouir des embraſſemens tendres de votre époux & de tous ceux qui vous intéreſſent. Je n'oublierai point encore notre petit voyage aux environs de chez vous, les aimables convives que nos jeunes parens avoient raſſemblés pour nous recevoir, leur aménité, leur honnêteté, enfin, leur complaiſance à notre égard. Notre retour chez vous, & ce petit ſouper que vos mains ont préparé, & où vous aviez invité cet honnête Eccléſiaſtique & cette vertueuſe Sœur, l'amie de l'humanité ſouffrante, la conſolation & l'appui des peres & meres dans le fardeau de l'éducation de leurs enfans. Enfin, ce moment de ſéparation, où vous & votre cher époux m'avez témoigné ſi tendrement vos regrets ; votre complaiſance à me conduire au lieu où je devois prendre la voiture, à me préſenter chez les perſonnes les plus aimables, & chez leſquelles il a fallu prendre un repas, en attendant le moment du départ ; toutes ces choſes, chere parente, ſont autant d'objets de ma reconnoiſſance, & témoignent la bonté de votre cœur. Je vous prie donc aujourd'hui de vouloir bien recevoir cette nouvelle petite Brochure auſſi favorablement que la premiere. Les principes qu'elle contient ne vous ſeront pas étrangers. Vous n'avez pas beſoin d'autre garant de leur vérité, que celui qui eſt ſi bien connu de votre cœur. Mais ſi, à vos affections, vous vouliez encore y joindre les autorités humaines, je vous dirois que les trois hommes qui dominent dans l'empire des hautes Sciences, & à la ſuite deſquels ſe rangent tous les Philoſophes modernes, ſont *Deſcartes*, *Newton* & *Leibnitz*. On ne peut ſuſpecter la foi de Deſcartes. *Newton* ſçait qu'il y a un Dieu, Être eternel immenſe, infiniment ſage, infiniment puiſſant, qui eſt en tout la derniere raiſon des raiſons; Newton, qui a commenté les Livres ſaints, étoit ſi pénétré, ſi plein de la Religion, qu'il la rappelle & lui rend hommage juſques dans ſon Optique, où, aſſurément, aucune conſidération d'intérêt ou de bienſéance ne l'obligeoit de déguiſer ſes ſentimens. Il étoit ſi perſuadé de la révélation, que, parmi les Livres de toute eſpece qu'il avoit ſans ceſſe entre les mains, celui qu'il liſoit le plus aſſiduement, dit M. de Fontenelle, étoit la Bible.

Un Auteur célebre tire enfin une forte préſomption en faveur des dogmes du Chriſtianiſme, de ce que *Deſcartes* les a prouvés, & que Newton les a crus. Cette préſomption doit naturellement croître par l'addition de toute l'autorité de *Leibnitz*, qui eſt bien à celle de Newton & de Deſcartes en raiſon d'égalité, lui qui avoit encore plus ſoigneuſement qu'eux étudié les dogmes de la Religion chrétienne, & discuté les monumens sur lesquels elle est fondée.

Le témoignage du savant & respectable M. *Bonnet* (dans sa Palyngénesie, tom. 1, part. 7, pag. 297.) va achever de vous convaincre. « Je me fais, dit-il, un devoir de remarquer, & ce devoir est cher à mon cœur, que la piété de notre Auteur (Leibnitz), aussi vraie qu'éclairée, ne laissoit échapper aucune occasion de rendre au *Philosophe* par excellence l'hommage le plus respectueux & le plus digne d'un Être intelligent ; il citoit avec complaisance jusqu'aux moindres paroles de ce *divin Maître*, & y decouvroit toujours quelque sens caché, d'autant plus beau qu'il étoit plus philosophique..... Celui qui se plaisoit à découvrir dans l'Evangile une Philosophie si haute, étoit une Encyclopédie vivante, & l'un des plus profonds génies qui ayent jamais paru sur la Terre. Je prie ceux, dit-il, qui n'ont ni les lumieres, ni le génie de ce grand homme, & qui ne possédent pas au même degré que lui l'art de douter philosophiquement, de se demander à eux-mêmes s'il leur sied bien, après cela, d'affecter de mépriser l'Evangile, & s'efforcer d'inspirer ce mêpris à tout le genre humain »,

En effet, dans une matiere si importante, où il s'agit du bonheur des hommes en général, & de tous en particulier, chacun doit au moins consulter sa raison, ou s'en rapporter à ceux qui ont le plus réfléchi sur cette matiere, pour ne pas s'égarer sur une chose aussi essentielle ; il faut se dire à soi-même ce que *Ciceron* se disoit en parlant de l'immortalité de l'ame : « on ne peut absolument, dit-il, trouver sur la terre l'origine des ames. Car il n'y a rien dans les ames qui soit mixte & composé, rien qui paroisse venir de la terre, de l'eau, de l'air ou du feu. Tous ces élémens n'ont rien qui fasse la mémoire, l'intelligence, la réflexion; qui puisse rappeller le passé, prévoir l'avenir, embrasser le présent. Jamais on ne trouvera d'où l'homme reçoit ces divines qualités, à moins que de remonter à un Dieu. Et par conséquent l'ame est d'une nature singuliere, qui n'a rien de commun avec les élémens que nous connoissons. Quelque soit donc la nature d'un Être qui a sentiment, intelligence, volonté, principe de vie, cet être là est céleste, il est divin, & dès-là immortel. Dieu lui-même ne se présente à nous, que sous cette idée d'un Esprit pur, sans mêlange, dégagé de toute matiere corrruptible, qui connoît tout, qui meut tout, & qui a de lui-même un mouvement éternel (1)........ Je ne crois nullement, dit-il, que l'ame périsse avec le corps, ainsi que l'enseignent des Philosophes modernes, qui veulent que la mort soit un anéantissement total; je défere bien plus au sentiment de nos peres, qui étoit celui de l'antiquité.... Le sentiment pour lequel je me déclare, fut aussi celui de ces savans hommes, qui, répandus autrefois dans nos contrées, annoncerent leur doctrine à la grande Grece...... Ce fut celui de Socrate, cet Athénien, que l'Oracle d'Appollon reconnut pour le plus sage des hommes. Assez incertain presque sur tout le reste : mais, à cet égard, soutenant toujours que nos ames sont d'une nature

(1) 1ere Tuscul. pag. 113.

divine; qu'au sortir du corps elles retournent au Ciel ». . . . . (1).

Et voilà, chere parente, le langage de la Philosophie payenne! S'il est un lieu destiné pour les manes de gens de bien, dit *Tacite*, parlant d'Agricola; si, comme le croit la saine Philosophie, les grandes ames ne périssent pas avec le corps, jouissez de votre félicité.

Vous voyez que l'un des plus grands Philosophes payens défere lui-même à ceux qu'il estime encore plus grands que lui, & qu'il s'appuie de leur autorité dans cette importante matiere; le Philosophe & le chrétien peuvent encore se servir des paroles de ce célebre Orateur, & dire avec lui, « si je suis dans l'erreur quand je crois l'ame immortelle, c'est une erreur que j'aime & que je serois bien fâché qu'on m'ôtât; en tout cas, s'il est vrai qu'il ne nous reste aucun sentiment après la mort, comme de certains Philosophes du dernier ordre le prétendent, je n'ai pas peur qu'ils me reprochent mon erreur en ce tems là (2). Enfin voilà la doctrine de la pure & droite raison; si à toutes ces autorités vous ajoutez celle du souverain législateur de l'univers, à qui seul appartient, non pas de prouver, mais de prononcer la vérité, toute obscurité se dissipe, & la vérité brille de tout son éclat. « *Dieu a créé l'homme immortel*, il l'a fait pour être une image qui lui ressemblât, dit l'écriture. Jésus-Christ est donc venu enseigner les hommes, confirmer & sceller pour ainsi dire par sa présence & par son autorité suprême, non seule-

(1) De l'Amitié, ch. 4,
(2) Cicéron. Vieil. Ch. 23.

ment ce qui avoit été dit par les Prophêtes qui n'ont dit que des vérités, mais même tout ce qui a été dit de vrai par les Philosophes & tous les auteurs ; c'est maintenant par la vertu des leçons toutes divines de Jésus Christ que les plus grossiers, les plus ignorans & les plus simples sont persuadés que l'ame est immortelle, & qu'il y a une autre vie après celle-ci.

» Je suis venu dans le monde, dit-il, afin de rendre témoignage à la vérité, quiconque appartient à la vérité écoute ma voix (1). — Si quelqu'un entend mes paroles, & ne les garde pas, je ne le juge point, car je ne suis pas venu pour juger le monde, mais pour sauver le monde (2) ».

» Cette Evangile du Royaume sera prêchée dans toute la terre ; pour servir de témoignage à toutes les nations (3) ».

» Celui qui me méprise & qui ne reçoit pas mes paroles a pour juge la parole même que j'ai annoncée, ce sera elle qui le jugera au dernier jour (4) ».

« Je suis le principe de toutes choses moi-même qui vous parle. (5) ».

Que peut l'homme sous ce divin empire, sinon se soumettre, *croire*, *espérer* & *aimer*, lorsqu'il voit que la raison, la philosophie & la religion, de concert s'entr'aident pour le convaincre de ses véritables intérêts, de son bonheur & de sa félicité.

---

(1) Jean, 18. 37.
(2) Jean, 12. 47.
(3) Matt., 24. 14.
(4) Jean, 12. 48.
(5) Jean, 8. 25.

Enfin, chere parente, je vous dirai avec *Muratori*, pour le bien de la société & celui de chaque individu, « plût à Dieu que chacun accomplît fidèlement tout ce qu'en enseigne & prescrit la religion de Jésus-Christ, qui n'est autre que la Catholique Romaine ; on ne peut exprimer quel seroit le bonheur dont on jouiroit sur la terre, & dans toutes les sociétés, parce que cette même religion a pour objet autant le bien général que le bien particulier, & qu'elle est faite aussi bien pour rendre le Prince bon, juste, bienfaisant & bien réglé dans toutes ses actions, que pour opérer le même effet dans ses sujets ».

Ceux-là donc sont ennemis du bien public, d'eux mêmes & des autres qui voudroient proscrire une loi si sage, une religion si sainte, qui fait connoître aux hommes avec tant d'évidence leur dignité, leurs droits & leurs devoirs envers la Divinité, envers eux-mêmes & les autres. C'est ainsi, chere parente, que l'amitié s'exprime, car l'on doit souhaiter à ses amis les mêmes biens que l'on desire pour soi même, & la fraternité qui lie tous les hommes doit les faire concourir tous réciproquement au même terme de félicité & de bonheur.

Je suis avec affection,

CHERE PARENTE,

Votre tendre & respectueux ami, Ch......

Novembre 1790.

Lettre à mes Neveu & Niece.

Le 1er Septembre 1788.

Votre bonheur, mes petits amis, est tout ce qui me touche; & comme de votre éducation dépend toute votre félicité présente & future, & toute la satisfaction que vous devez donner à vos plus chers parens, dont vous connoissez toute la tendresse & les soins; & que je veux, dans la sincérité de mon cœur, que les doux noms de pere & de mere, de parens & d'amis, vous soient toujours sacrés, & que vous soyez heureux par la connoissance & la pratique de vos devoirs envers l'Être suprême, envers vous-mêmes & envers les autres; puisque le bonheur n'est dans le cœur que de ceux qui ont la persuasion intime d'y avoir travaillé de toute leur force; car c'est dans votre cœur qu'il faut pouvoir rentrer avec plaisir; c'est là le séjour, sur la terre, du bonheur & de la félicité, & la source du souverain bien, où tous les hommes aspirent. C'est le vœu, pour vous, de celui qui est avec les sentimens les plus tendres,

Votre oncle & votre ami,

Ch....

Autre Lettre, aux mêmes.

Je me suis empressé, mes petits & fideles amis, à seconder l'ardeur que vous témoignez d'acquérir des connoissances. Vos petites questions m'ont fait

fait connoître que déja votre raison se développe ; que votre esprit s'exerce, que vous avez profité des leçons de votre respectable & tendre mere, & de celles que ne cesse de vous donner le pere qui vous chérit ; enfin, que votre ame fait usage de ses nobles facultés de *concevoir*, de *raisonner*, de *vouloir* & d'*aimer*, qui sont les plus glorieuses prérogatives de l'homme sur la terre, & le présent le plus précieux & le plus magnifique de la bonté divine, puisqu'il vous fait être l'image, faut-il dire, de sa *puissance*, de sa *sagesse* & de son *amour*, & qu'il vous rend capable de le connoître & de l'aimer, & d'acquérir les connoissances qui doivent servir à vous conduire pendant le cours de votre vie. Profitez donc de vos dispositions. C'est mon desir pour votre bonheur.

AUTRE sur la lecture, l'avantage & la nécessité de l'étude de l'Histoire.

DÉJA, mes petits amis, je vous ai adressé plusieurs lettres relatives aux objets généraux de votre instruction. Maintenant que votre esprit se développe, que vous commencez à lire avec fruit, je n'aurai pas de peine à vous faire sentir tous les avantages de la lecture. La lumiere qu'elle commence à répandre dans votre cœur sur tous vos devoirs, les connoissances qu'elle vous procure sur le spectacle magnifique de la Nature, dont vous admirez l'Auteur dans l'excellent Ouvrage de M. l'Abbé Pluche, vous fera facilement convenir que la lecture est utile, & que son utilité tient de la nécessité la plus indispensable ; & qu'elle est pour l'esprit & pour le cœur, ce que les alimens sont pour le corps ; elle en est la nourriture, elle les exerce, les fortifie, leur donne leur consistance & leur valeur. Comme c'est par l'ame seule que l'homme est tout ce qu'il est, la lecture aura tout fait pour lui, en éclairant son esprit & en formant son cœur ; elle éclaire son esprit, en l'ornant de belles connoissances ; elle forme son cœur, en le remplissant de grands sentimens.

C'est à la lecture, & sur-tout à la lecture de l'Histoire, à remplir cet objet ; c'est là que sont consacrés les modeles de toutes les vertus ; c'est là où *Quintillien* & *Ciceron* puisoient les principes d'honneur & de probité répandus dans leurs Ouvrages & dans leurs Vies.

C'est dans l'histoire où le chrétien doit également puiser tous ces principes de vertu ; « car tout ce qui est écrit, dit Saint-Paul, a été écrit pour notre instruction, afin que nous concevions une espérance ferme par la patience & par la consolation que les écritures donnent» (1) ; c'est là où vous puiserez, mes chers amis, la force des pensées & la grandeur des sentimens ; c'est dans ce monument précieux que vous entendrez parler de Dieu, de sa puissance, de sa sagesse & de son amour, avec autant de grandeur que de vérité, & que vous apprendrez l'histoire de l'homme, de son origine, de ses droits, de ses devoirs & de ses hautes espérances.

Comme vous avez déja des notions sur ce qu'il vous importe de connoître de la religion & son histoire, qui embrasse tous les termes &

(1) Epitre aux Romains. 15. 4.

tous les lieux, & qu'après ces préliminaires & l'histoire universelle des peuples où vous avez vu les vicissitudes & l'instabilité perpétuelle des choses humaines, l'établissement, les révolutions & la décadence des Empires, reconnu les vertus des uns & les vices des autres, rien après tout cela ne demandera plus vos soins & votre application, que l'histoire de France qui est l'histoire de votre propre pays, de votre patrie; les petites notions que vous avez de la géographie & de la chronologie, qui sont comme les deux yeux de l'histoire, vous serviront infiniment pour prendre plus d'intérêt à vos lectures, ainsi que celles que vous avez de géométrie & d'astronomie serviront à vous faire sentir avec plus d'énergie quelle est la grandeur & la puissance du souverain Être, créateur & moteur de l'univers.

Les avantages de l'étude de l'histoire ne se se bornent point assurément à cette connoissance des faits & des lieux dont votre mémoire va continuer de se remplir, mais à faire une égale attention sur le bien & sur le mal, pour éviter l'un & imiter l'autre; car l'étude de l'histoire ne doit servir aux jeunes gens qu'à ces trois choses, à affermir dans la religion, à former l'esprit & à régler le cœur; on peut même dire que l'histoire est l'école commune du genre humain, également ouverte & utile aux grands & aux petits, aux Princes & aux Sujets; c'est elle qui imprime aux actions véritablement belles le sceau de l'immortalité, & qui flétrit les vices d'une note d'infamie que tous les siécles ne peuvent effacer; c'est l'histoire enfin qui démontre par mille exemples plus persuasifs que tous les raisonnemens qu'il n'y a de grand & de louable que l'honneur & la probité, & qui fait connoître mes chers amis que la vertu est le véritable bien de l'homme, & qu'elle seule le rend véritablement grand & estimable, elle apprend à respecter cette vertu & à en démêler la beauté & l'éclat à travers les voiles de la pauvreté, de l'obscurité & de l'adversité, & n'inspire au contraire que du mépris & de l'horreur pour le crime, fût-il revêtu de pourpre, tout brillant de lumiere & placé sur le trône; elle seule, comme le témoin fidèle de la vérité, a le droit de juger souverainement aussi bien que la renommée des actions des Princes & des Rois, de nommer les Empereurs Caligula, Néron & Domitien, comme l'horreur & l'exécration du genre humain, & de faire regarder avec admiration les Tite, les Trajan, les Antonin, les marc-Aurel & parmi nous, S. Louis, Louis XII, Henri IV, comme des hommes nés pour le bonheur du monde dont ils ont fait les délices & la félicité, en usant bien de leur pouvoir.

Vous voyez donc, mes chers amis, quel est l'avantage de lhistoire, que c'est elle qui nous ouvre tous les siécles & tous les pays, qui nous fait entrer en commerce avec tout ce qu'il y a eu de grands hommes dans l'antiquité, qui nous met sous les yeux toutes leurs actions, toutes leurs entreprises, toutes leurs vertus, tous leurs défauts, & vous met à portée, par de sages réflexions, d'approfondir le cœur humain, & de voir, sous différentes formes, tout le bien & tout le mal dont il est capable.

Car enfin étudier l'histoire, c'est étudier les motifs, les opinions, les passions des hommes, pour en pénétrer tous les ressorts, les tours

& les détours, pour connoître toutes les illusions qu'elles savent faire à l'esprit, & les surprises qu'elles font au cœur ; en un mot c'est apprendre à se connoître soi-même dans les autres.

Il ne faut pas, dans l'histoire, considérer seulement l'élévation & la chute des Empires, mais il faut encore s'arrêter sur les causes de leurs progrès & sur celles de leur décadence ; car, dit M. *Bossuet*, ce même Dieu qui a fait l'enchaînement de l'univers, & qui, tout puissant par lui-même, a voulu, pour établir l'ordre, que les parties d'un si grand tout dépendissent les unes des autres, ce même Dieu a voulu aussi que le cours des choses humaines eût sa suite & ses proportions ; car, à la réserve de certains coups extraordinaires où Dieu vouloit que sa main parût toute seule ; il n'est point arrivé de grands changemens qui n'ayent eu leurs causes dans les siécles précédens, ce qui a fait dire aussi à *Denys d'Halicarnasse* qu'il ne faut pas borner sa curiosité aux faits & aux événemens, mais qu'il en faut pénétrer les raisons, étudier les moyens qui les ont fait réussir, entrer dans les vues & dans les desseins de ceux qui les ont conduits, examiner avec attention *le succès que Dieu leur a donné* ; (ces paroles sont remarquables dans un payen) car en toutes choses il faut considérer la Providence, puisqu'il n'arrive rien dans le monde que ce qui est conforme aux desseins du Créateur qui emploie également la sagesse & la malice des hommes pour l'accomplissement de ses volontés, & qui s'accomplissent par les moyens même dont se servent les hommes pour les violer.

» Parce qu'il n'y a point de sagesse il n'y a

point de prudence, il n'y a point de conseil, dit l'écriture, contre le Seigneur (1), & que nul ne peut rien soustraire à son souverain pouvoir (2) ».

Voilà, mes petits amis, les conseils salutaires que vous puiserez par la lecture dans les sources mêmes, & qui devront sans cesse vous servir pour vous conduire avec sagesse, avec prudence dans les affaires du monde.

DÉCLARATION

DES DROITS DE L'HOMME ET DU CITOYEN,

Avec des Observations, en forme de lettres, à mes Neveu & Niece.

VOUS avez vu, mes petits amis, dans mon Epître à l'Humanité & le Manuel du Citoyen, les principes généraux qui servent de base aux droits & aux devoirs des hommes. Maintenant, je vais tâcher de vous développer, en peu de mots, *la Déclaration des droits de l'homme en société*, exposée par notre auguste Assemblée, pour être constamment présente à tous les membres du Corps social, dont vous devez vous considérer comme faisant partie. Puisque déja vous avez lu dans son entier cette Déclaration,

(1) Prov., 21. 30.
(2) Deut., 32. 39.

je vais maintenant la mettre ſous vos yeux, article par article, ce qui fera l'occaſion de dix-ſept lettres, que je vous invite à lire avec attention, puiſqu'elles renfermeront les principes de vos intérêts, de vos droits en particulier, & de ceux de toute la Société en général. Celle-ci ne ſervira que de Préliminaire, où je vais tranſcrire le Préambule qui précède cette Déclaration des droits. (1)

« Les Repréſentans du Peuple François, conſtitués en *Aſſemblée Nationale*, conſidérant que » l'ignorance, l'oubli ou le mépris des droits de » l'homme, ſont les ſeules cauſes des malheurs » publics & de la corruption des Gouvernemens, » ont réſolu d'expoſer, dans une Déclaration » ſolemnelle, les droits naturels, inaliénables » & ſacrés de l'homme, afin que cette Décla- » ration, conſtamment préſente à tous les mem- » bres du corps ſocial, leur rappelle ſans ceſſe » leurs droits & leurs devoirs; afin que les » actes du pouvoir légiſlatif & ceux du pouvoir » exécutif, pouvant être à chaque inſtant com- » parés avec le but de toute inſtitution politique, » en ſoient plus reſpectés; afin que les réclama- » tions des Citoyens, fondées déſormais ſur des » principes ſimples & inconteſtables, tournent » toujours au maintien de la Conſtitution & au » bonheur de tous.

» En conſéquence, l'*Aſſemblée Nationale* re- » connoît & déclare, en préſence & ſous les » auſpices de l'Être ſuprême, les droits ſuivans » de l'homme & du Citoyen ».

(1) Décrétée les 20, 24, 26 Août & premier Octobre 1789.

Sous quelle protection plus favorable les Légiflateurs d'une grande Nation peuvent-ils commencer leurs fublimes travaux, que fous les yeux & fous les aufpices de celui qui nous a fait connoître que c'eft par lui que les Légiflateurs ordonnent ce qui eft jufte? « C'eft de moi, dit-il, que vient le confeil & l'équité; c'eft de moi que vient la prudence & la force; les Rois regnent par moi; & c'eft par moi que les Légiflateurs ordonnent ce qui eft jufte » (Prov. 8. 14. 15.).

Il étoit donc de toute juftice & du devoir le plus abfolu de notre augufte Affemblée, de commencer fes travaux fous les aufpices du fouverain Légiflateur, & de placer ainfi le nom facré de la Divinité, de qui, dit *Homere*, « émane les loix fages, & qui tient, felon l'expreffion poétique de ce Poëte philofophe, le premier anneau de cette chaîne facrée à laquelle tout l'Univers eft fufpendu ». Enfin, la Nation n'a donc pu qu'applaudir à fes Repréfentans, d'avoir placé ce nom divin en tête de fa Déclaration folemnelle, qui rappelle aux hommes leurs droits & leurs devoirs, qui déjà étoient écrits dans le Livre divin, le Code de toutes les Nations.

Une Déclaration des droits de l'homme & du Citoyen eft un enfemble de principes, de premieres vérités, qui font la bafe de toute inftitution politique & de toute conftitution d'Etat, foit qu'il fe forme ou qu'il fe régenere, pour fe rapprocher des principes dont, fans ceffe, dans les Gouvernemens, comme dans les Sociétés particulieres, les paffions humaines tendent à s'écarter.

Toute Nation dont les affaires font en déford

& où les abus sont portés à leur comble, n'a plus d'autre ressource que dans un effort généreux de tous ses membres. Comme cette Nation ne peut toute s'assembler en un même lieu, chaque Département, chaque Ville députe un de ses membres vers un lieu commun, & auprès du Monarque, pour y discuter les intérêts de toute la Nation; non celui d'une Province ou d'un Corps; car, disoient le Clergé & la Noblesse aux Etats de Tours, en 1483, *ne sommes-nous pas tous députés aux Etats, non pas pour notre Ordre, mais pour la Nation entiere.*

Que ce titre est glorieux! Député pour la Nation! Représentant d'un Peuple!... que ce Ministere est grand! mais aussi qu'il est redoutable! qu'il est pénible à remplir! Approfondir les besoins de l'Etat, connoître ses ressources, prévenir les déprédations & la perversité des Ministres; établir une juste proportion entre les Départemens; assurer la plus exacte répartition des charges publiques entre tous les Citoyens; réformer des impôts; encourager le commerce & le protéger; rapprocher la Législation de nos mœurs; donner *au Citoyen la liberté, à l'homme la dignité;* porter par-tout le flambeau de la raison, le génie du patriotisme, le respect pour l'humanité; tel est l'engagement qu'a pris avec la Nation, à la face du Ciel & de la Terre, la plus solemnelle, la plus célebre Assemblée dont se soit jamais honoré aucun Empire de l'Europe.

O France! heureuse France! c'est entre les mains de tes Enfans, c'est entre les mains des Représentans dont toi-même as fait choix, que reposent toutes tes espérances! Destinée par la Nature, appellée par le Monarque lui-même à faire voile vers la Liberté, vogue avec courage, brave les tempêtes & les orages qui s'oppofent à ta courfe, foutiens tes Repréfentans par ta reconnoiffance; car elle eft la plus flatteufe récompenfe que puiffe obtenir un Citoyen : tel fera, dignes Repréfentans, le prix de vos vertus.

ARTICLE PREMIER.

» Les hommes naiffent & demeurent libres & » égaux en droits. Les diftinctions fociales ne » peuvent être fondées que fur l'utilité com» mune ».

Il eft un principe, mes cheres amis, reconnu & établii par la philofophie & la religion, que tous les hommes font de même nature. Dieu a, créé l'homme, dit l'écriture, & il lui a créé de fa fubftance une aide femblable à lui; il a fait naître d'un feul toute la race des hommes, & il leur a donné pour demeure toute l'étendue de la terre ». (Act. 17. 26.) Voilà notre origine & notre égalité de naiffance.

» Dieu créa donc l'homme à fon image, il les créa à l'image de Dieu, & il les créa mâle & femelle. — Dieu les bénit, & il leur dit croiffez & multipliez-vous, rempliffez la terre & vous l'affujettiffez, & dominez fur les poiffons de la mer, fur les oifeaux du ciel & fur tous les animaux qui fe meuvent fur la terre ». (Gen. ch. 1.) Voilà nos droits fur la nature.

« Dieu leur a donné le difcernement, une langue, des yeux, des oreilles, un efprit pour penfer, & il les a remplis de la lumiere, de l'intelligence; — il a créé dans eux la fcience de l'efprit, il a rempli leurs cœurs de fens, &

leur a fait voir les biens & les maux ; — il a fait luire son œil sur leur cœur, pour leur faire voir la grandeur de ses œuvres, afin qu'ils relevassent par leurs louanges la sainteté de son nom, qu'ils le glorifiassent de ses merveilles, & qu'ils publiassent la magnificence de ses ouvrages».

Voilà notre destination, & les titres primitifs des précieux droits de l'homme ; mais, comme des droits, supposent des devoirs, « Dieu leur a prescrit encore l'ordre de leur conduite, & les a rendus les dépositaires de la loi de vie ; il a fait avec eux une alliance éternelle, & leur a appris les ordonnances de sa justice ; — ils ont vu de leurs yeux les merveilles de sa gloire, & il les a honorés jusqu'à leur faire entendre sa voix ; ayez soin, leur a-t-il dit, de fuire toutes sortes d'iniquités. (Eccl. 17. 5.) ; « car Dieu a créé l'homme immortel, il l'a fait pour être une image qui lui ressemblât (Sag. 2. 23.).

Voilà les droits, les devoirs, la destination & l'exposé de toute la grandeur & la dignité de l'homme ; & voici, mes petits amis, le fondement de ses hautes espérances, le terme de sa félicité, garantie par la Divinité même, qui lui dit, « je suis votre protecteur & votre récompense infiniment grande ». (Gen. 15.).

Dans l'ordre de la nature vous y voyez donc une égalité absolue, & tous les hommes appellés par un droit égal aux bienfaits du Créateur ; dans cet ordre tous les hommes doivent donc se regarder comme égaux, quelque différence que semble mettre en eux la différence des conditions & des rangs qui ne sont institués que pour contribuer au bonheur de la société.

Les rangs que donnent la nature est l'origine

de ceux des sociétés ; un pere, voilà un chef dont l'autorité est adoucie par la tendresse ; des enfans, voilà des sujets, mais dont la sujetion est tempérée par la douceur de l'affection filiale ; la capacité, le courage, l'activité, enfin toutes les qualités corporelles & les facultés spirituelles sont comme autant de nuance qui distingue les hommes, & les places dans l'ordre de la société à des travaux plus ou moins relevés, quoiqu'aussi utiles au bien général.

Tous les hommes doivent donc ne point cesser de se regarder comme freres, comme enfans d'un même pere, comme une seule famille, composée de tout le genre humain, enfin comme égaux en droits & tous également libres, mais reconnoître en même tems avec M. de *Voltaire* que « cette égalité n'est pas l'anéantissement de la subordination, que nous sommes tous également hommes, mais non membres égaux de la société », enfin que les hommes sont égaux dans l'essentiel, quoiqu'ils jouent sur la terre des rôles différens.

Car que sont les Grands aux yeux de la raison même la moins sévere, dit *Stanislas*, Roi de Pologne ? « Ils ne different des autres hommes que par la base qui les éleve, & cette base ne tenant point à leur être, elle ne les rend ni plus sages, ni plus heureux.

Enfin, mes petits amis, l'égalité à laquelle les hommes ont le droit d'aspirer dans la société, est cette égalité que donnent les loix qui, planant sur toutes les têtes, maintiennent chacun dans ses droits, dans son état, dans sa liberté naturelle, & frappent indistinctement les plus hautes comme les moins élevées: c'est là le chef d'œuvre de l'ordre civil & politique de ramener ainsi à l'égalité par l'équité des loix.

II. « Le but de toute association politique » est la conservation des droits naturels & im» prescriptibles de l'homme. Ces droits sont la » liberté, la propriété, la sûreté & la résistance » à l'oppression.

Par cette réunion en corps politique, mes chers amis, chaque particulier acquiert, pour ainsi dire, autant de force que toute la société en commun, & ses droits sont conservés par les loix; « car ce n'est pas le Souverain, dit *Massillon*, ce sont les loix qui doivent regner sur les peuples; le Prince n'en est que le Ministre & le premier dépositaire; ce sont elles qui doivent régler l'usage de l'autorité, & c'est par elles que l'autorité n'est plus un joug pour les sujets, mais une règle qui les conduit, un secours qui les protege, une vigilance paternelle qui ne s'assure leur soumission que parce qu'elle s'assure leur tendresse : les hommes croyent être libres quand ils ne sont gouvernés que par les loix; leur soumission fait alors tout leur bonheur, parce qu'elle fait toute leur tranquillité & toute leur confiance ». — Vous avez vu, mes chers amis, ces principes posés par notre auguste Assemblée dans le *deuxieme article des Décrets constitutionnels*. Je vais vous les rappeller.

» *Le Gouvernement François est monarchique : il* » *n'y a point en France d'autorité supérieure à la* » *loi; le Roi ne regne que par elle, & ce n'est qu'en* » *vertu des loix qu'il peut exiger l'obéissance* ».

C'est ainsi que l'autorité n'est plus un joug pour les sujets, mais un secours qui les protege; car le but de la politique, dit *Platon*, est de faire vivre tous les Citoyens ensemble, en société, comme frères, le plus heureusement qu'il est possible, sans pauvreté, sans richesses, dans les règles de la justice & de la sainteté, fondée sur ces quatre vertus, que *Phocion* reconnoît comme la base & l'appui de toutes les autres, *la tempérance*, *l'amour du travail*, *l'amour de la gloire* & le respect pour les Dieux »; car l'homme est d'autant plus libre qu'il devient plus juste & qu'il se soumet plus volontairement à la raison, à la loi & à cette souveraine raison, source de toute Justice & de toute liberté.

C'est ainsi que se maintiendront les liens communs de la société, que la force ne tiendra pas lieu de loi, que l'artifice & la fraude ne prévaudront jamais sur l'innocence & la simplicité, que tout sera en paix sous la vigilance du Souverain & sous la protection des loix, enfin, que la *liberté*, la propriété, qui est le droit de jouir, *la sûreté* des hommes seront conservés, & que le plus foible d'entre les Citoyens sera délivré de l'*oppression*, & mis en sûreté sous la sauve-garde de la loi & par l'autorité publique.

III. « Le principe de toute souveraineté ré» side essentiellement dans la Nation. Nul corps, « nul individu ne peut exercer d'autorité qui » n'en émane expressément ».

Il est incontestable que dans l'état primitif & de nature, personne n'avoit par lui même un droit originaire de commander aux autres, si ce n'est sous l'empire paternel & maternel, auquel la nature a soumis les enfans, & par nécessité, & par devoir. Tous les hommes, également libres, n'ont pu se soumettre à une autorité souveraine que volontairement, & sousles conditions de leur plus grand bonheur. « Car les peuples ne sont pas faits pour les Rois (disoit noblement Henri IV), mais ce sont les Rois qui sont faits pour les peuples ». Il est constant que la souveraineté réside originairement dans le peuple, & que c'est le transport & la réunion des droits des particuliers dans la personne du Souverain qui le constitue tel, & qui produit véritablement la souveraineté ». « Ce sont les peuples qui, par l'ordre de Dieu, dit *Massillon*, les ont faits tout ce qu'ils sont : c'est à eux, dit-il à n'être ce qu'ils sont que pour les peuples...... En un mot, comme la premiere source de leur autorité vient de nous, les Rois n'en doivent faire usage que pour nous ».

« J'ai souvent entendu raisonner Platon sur cette matiere, disoit *Phocion*, il blâmoit la *Monarchie*, la pure *aristocratie* & le Gouvernement *Populaire* ; jamais, disoit-il, les loix ne sont en sûreté sous ces administrations, qui laissent une carriere trop libre aux passions ; il craignoit le pouvoir d'un Prince, qui, seul législateur, Juge seul de la justice de ses loix ; il étoit effrayé dans l'aristocratie, de l'orgueil & de l'avarice des Grands, qui, croyant que tout leur est dû, sacrifieront sans scrupule les intérêts de la société à leurs avantages particuliers ; il redoutoit dans la pure démocratie les caprices d'une multitude toujours aveugle, toujours extrême dans ses desirs, & qui condamnera demain avec emportement ce qu'elle approuve aujourd'hui avec enthousiasme ; ce grand homme vouloit que, par un mélange habile de tous ces Gouvernemens, la puissance publique fût partagée en différentes parties propres à s'imposer, à se balancer, & à se tempérer réciproquement ».

« Tout seroit perdu, dit *Montesquieu*, si le même homme, ou le même Corps, des Principaux, ou des Nobles, ou du Peuple, exerçoient ces trois pouvoirs, *celui de faire des loix*, *celui d'exécuter les résolutions publiques*, & *celui de juger les crimes* ou les différends des particuliers, il n'y auroit point de liberté, parce qu'on pourroit craindre que le même Monarque, ou le même Sénat ne fasse des loix tyranniques pour les exécuter tyranniquement ».

Vous voyez, mes chers amis, que d'inconvéniens à éviter, pour jouir de la paix & de la tranquillité dans un Empire. Je vais mettre sous vos yeux ce que l'Assemblée Nationale a décrété de constitutionnel sur cet important objet, & qu'il est essentiel que vous connoissiez, parce qu'il est du devoir de connoître les loix qui nous régissent, & auxquelles nous devons, afin d'être libres, la soumission la plus entière.

ARTICLES DE CONSTITUTION.

ARTICLE PREMIER.

TOUS les pouvoirs émanent essentiellement de la Nation, & ne peuvent émaner que d'elle.

II. Le Gouvernement François est Monarchique : il n'y a point en France d'autorité supérieure à la Loi; le Roi ne règne que par elle; & ce n'est qu'en vertu des Loix qu'il peut exiger l'obéissance.

III. L'Assemblée Nationale a reconnu & déclaré comme points fondamentaux de la Monarchie Françoise, que la personne du Roi est inviolable & sacrée; que le Trône est indivisible; que la Couronne est héréditaire dans la race régnante, de mâle en mâle, par ordre de primogéniture, à l'exclusion perpétuelle & absolue des femmes & de leur descendances, sans entendre rien préjuger sur l'effet des renonciations.

IV. L'Assemblée Nationale sera permanente.

V. L'Assemblée Nationale ne sera composée que d'une Chambre.

VI. Chaque Législature sera de deux ans.

VII. Le renouvellement des Membres de chaque Législature sera fait en totalité.

VIII. Le pouvoir législatif réside dans l'Assemblée Nationale, qui l'exercera ainsi qu'il suit:

IX. Aucun acte du Corps législatif ne pourra être considéré comme Loi, s'il n'est fait par les Représentans de la Nation librement & légalement élus, & s'il n'est sanctionné par le Monarque.

X. Le Roi peut refuser son consentement aux actes du Corps législatif.

XI. Dans le cas où le Roi refusera son consentement, ce refus ne sera que suspensif.

XII. Le refus suspensif du Roi cessera à la seconde des Législatures qui suivront celle qui aura proposé la Loi.

XIII. Le Roi peut inviter l'Assemblée Nationale à prendre un objet en considération, mais la proposition des Loix appartient exclusivement aux Représentans de la Nation.

XIV. La création & suppression des Offices ne pourront avoir lieu qu'en exécution d'un acte du Corps législatif, sanctionné par le Roi.

XV. Aucun Impôt ou Contribution, en nature ou en argent, ne peut être levé; aucun emprunt, direct & indirect, ne peut être fait autrement que par un Décret exprès de l'Assemblée des Représentans de la Nation.

XVI. Le Pouvoir exécutif suprême réside exclusivement dans la main du Roi.

XVII. Le Pouvoir exécutif ne peut faire aucune Loi, même provisoire, mais seulement des Proclamations conformes aux Loix, pour en ordonner ou en rappeller l'observation.

XVIII. Les Ministres & les autres Agens du Pouvoir exécutif sont responsables de l'emploi des fonds de leur Département, ainsi que de toutes les infractions qu'ils pourront commettre envers les Loix, quels que soient les ordres qu'ils ayent reçus; mais aucun ordre du Roi ne pourra être exécuté, s'il n'a pas été signé par Sa

Majesté, & contresigné par un Secrétaire d'Etat ; ou par l'Ordonnateur du Département.

XIX. Le Pouvoir judiciaire ne pourra, en aucun cas, être exercé par le Roi, ni par le Corps législatif ; mais la Justice sera administrée au nom du Roi par les seuls Tribunaux établis par la Loi, suivant les principes de la Constitution, & selon les formes déterminées par la Loi.

RÉPONSE du Roi, du 5 Octobre 1789 au soir.

J'ACCEPTE purement & simplement les articles de Constitution & la Déclaration des Droits de l'Homme, que l'Assemblée Nationale m'a présentés.

Signé LOUIS.

IV. « La liberté consiste à pouvoir faire » tout ce qui ne nuit pas à autrui ; ainsi l'exer- » cice des droits naturels de chaque homme, » n'a de bornes que celles qui assurent aux autres » membres de la société la jouissance de ces » mêmes droits ; ces bornes ne peuvent être » déterminées que par la Loi ».

La liberté est l'état naturel de l'homme ; c'est l'exercice de sa volonté vers le bien ou vers le mal. « La Providence a fait l'homme libre, dit J. J. *Rousseau*, afin qu'il fît, non le mal, mais le bien par choix, en usant bien des facultés dont elle l'a doué..... Murmurer de ce que Dieu ne l'empêche pas de faire le mal, c'est murmurer de ce qu'il l'a fait d'une nature excellente, de ce qu'il mit à ses actions la moralité qui les ennoblit, de ce qui lui donne droit à la vertu. La Puissance divine pouvoit-elle mettre de la contradiction dans notre nature, & donner le prix d'avoir bien fait, à qui n'eut pas le pouvoir de mal faire ? »

La liberté, ainsi que les loix naturelles qui servent de base aux loix sociales, ont trois objets principaux, *Dieu*, *soi-même* & *les autres*. Se porter à l'amour de ces trois objets par raison, c'est l'usage le plus légitime de la liberté, & le seul véritablement digne de l'homme, car Dieu ne commande à personne de faire le mal; il nous commande, au contraire, & par la loi de la nature, & par la loi ancienne, & par la loi nouvelle, de faire le bien. « Traitez les hommes, nous dit-il, de la même maniere que vous voudriez vous-même qu'ils vous traitassent » (Luc. 6. 31.).

La liberté consiste donc à pouvoir faire, dans la société, tout ce qui ne nuit point à autrui, &, en général, à remplir les devoirs envers Dieu, envers soi-même & son prochain, avec amour, car l'amour est l'accomplissement de la loi, & ce qui rend véritablement libre.

V. « La Loi n'a le droit de défendre que les » actions nuisibles à la Société. Tout ce qui n'est » pas défendu par la Loi ne peut être empêché, » & nul ne peut être contraint à faire ce » qu'elle n'ordonne pas ».

Nous voyons donc dans la loi quatre parties essentielles, le *commandement* & *la défense*, *la récompense* & *le châtiment*, pour ramener tout à l'ordre par la justice, seul maintien de la société; car « lorsque les Peuples se sont fait des Rois, (dit *Ciceron*, Offic. liv. 2, chap. 12.) & qu'ils ont choisi pour cela ceux qui leur paroissoient les plus gens de bien, ce n'a été que pour maintenir la justice parmi eux..... Ce qui avoit fait établir les Rois, a fait depuis établir les Loix.

Car on a toujours voulu avoir un droit qui fût égal pour tout le monde. Auſſi ne ſeroit-il pas droit autrement. Tant qu'on a pu, dit-il, l'avoir par la juſtice & la probité d'un ſeul homme, on s'en eſt tenu là; mais cela venant à manquer, il a fallu établir des loix, dont la voix ne change jamais, & qui parlent toujours le même langage à tout le monde...... Il faut donc s'attacher, avec tout le ſoin poſſible, à cultiver & à conſerver la juſtice...... Car la juſtice eſt la vertu par excellence, & l'on peut dire que c'eſt la maîtreſſe & la reine des vertus. « Que la Juſtice » ſe faſſe, diſoit l'Empereur Ferdinand, ou que » le monde périſſe ».

Nous ſommes donc libres, lorſque ce ſont les Loix qui gouvernent, & que le Souverain les fait obſerver; mais nul homme ne peut être contraint à faire ce que la Loi n'ordonne pas, cela eſt conſtant; mais la loi naturelle, la conſcience, l'humanité ont des loix qui ne ſont point écrites. « C'eſt une petite vertu, dit *Seneque*, que de n'être homme de bien qu'autant que les loix l'ordonnent! combien plus loin s'étend la regle de nos devoirs que celle du droit! que de choſes la piété, l'humanité, la libéralité, la juſtice, la fidélité exigent, qui ne ſont point exprimées dans les loix politiques! » En effet, comme l'a très-bien dit un Poëte latin, *ce que la loi ne défend pas, l'honneur & la conſcience le défendent.*

VI. » La Loi eſt l'expreſſion de la volonté » générale. Tous les Citoyens ont droit de » concourir perſonnellement, ou par leurs Re- » préſentans, à ſa formation. Elle doit être la

» même pour tous, ſoit qu'elle protége, ſoit » qu'elle puniſſe. Tous les Citoyens étant égaux » à ſes yeux, ſont également admiſſibles à toutes » dignités, places & emplois publics; ſelon leur » capacité, & ſans autre diſtinction que celle de » leurs vertus & de leurs talens ».

L'ame de la loi eſt la raiſon, cette lumiere divine imprimée dans le cœur de tous les hommes, & qui leur fait appercevoir les regles communes de la juſtice & de l'équité.

La réunion de toutes les forces particulieres d'une ſociété, dit *Gravina*, forme l'Etat politique; mais comme ces forces particulieres ne peuvent ſe réunir, ſans que toutes les volontés ſe réuniſſent, la réunion de ces volontés eſt ce qu'on appelle l'Etat civil, & la loi, l'expreſſion de cette volonté générale. « Une loi ſe fait, dit » *Charles le Chauve*, par le conſentement du » Peuple & la Conſtitution du Roi ».

Tous les Citoyens étant égaux aux yeux de la loi, « il n'y a point de raiſon naturelle, dit *Pufendorf*, en vertu de laquelle la naiſſance toute ſeule donne aux enfans le droit d'hériter des charges & des dignités de leurs peres. Voulez-vous remonter au premier principe, dit *Seneque?* Tous les hommes ſont les ouvrages des Dieux. Tous peuvent acquérir la vertu, & ont reçu cette nobleſſe de la nature. Faites-vous paroître une ame généreuſe, dit *Juvenal?* aimez-vous la juſtice? êtes-vous régulier à tenir votre parole, & irréprochable dans vos actions? Je reconnois votre nobleſſe.... Le premier de tous les biens, ce ſont les belles qualités de l'ame.... C'eſt un grand malheur de n'être appuyé que ſur le mérite d'autrui ! Ces bâtimens, soutenus de colonnes, tombent dès qu'on les a retirées.... *La vertu seule est la vraie noblesse*.... Soyez un Drusus, un Cassius, un Paul Emile; mais soyez-le par l'intégrité de vos mœurs : parez-vous plutôt de leurs vertus que de leurs grands noms.

Quel est donc l'homme vraiment noble, dit *Platon* ? C'est celui qui apporte en naissant le plus heureux naturel, & qui se rend illustre par ses talens & ses vertus. Aussi, un des principes de la politique romaine qui contribua le plus aux prospérités de la République, dit *Tite-Live*, fut de considérer également la vertu dans les Citoyens, quelque fût leur naissance.

Il est beau, dit M. *Rollin*, de soutenir la gloire des ancêtres par des actions qui répondent à leur réputation : mais aussi il est glorieux de laisser à ses descendans un titre qu'on n'a point reçu de ses aïeux, de devenir le chef & l'auteur de sa noblesse, &, selon le mot de *Tibere*, d'*être né de soi-même*.

Parmi les Egyptiens (conduite très-sage) tous les états étoient en estime, parce qu'on ne croyoit pas pouvoir, sans crime, mépriser les Citoyens dont les travaux, quels qu'ils fussent, contribuoient au bien public; aussi, tous les arts venoient à leur perfection, l'honneur qui les nourrit se mêlant par-tout.

VII. « Nul homme ne peut être accusé, arrêté, » ni détenu que dans les cas déterminés par la » Loi, & selon les formes qu'elle a prescrites. » Ceux qui sollicitent, expédient, exécutent ou » font exécuter des ordres arbitraires, doivent » être punis ; mais tout Citoyen appelé ou saisi

» en vertu de la Loi, doit obéir à l'inſtant : il « ſe rend coupable par la réſiſtance.

Tout Citoyen appellé ou ſaiſi en vertu de la loi, doit obéir à l'inſtant ; il ſe rend coupable par la réſiſtance ; ſur ce même principe de la liberté qui conſiſte à ne pouvoir être forcé à faire une choſe que la loi n'ordonne pas ; tout Citoyen, de quelque rang ou dignité dont il ſoit revêtu, qui ſe rend prévaricateur de la loi, de même qu'il en étoit protégé dans ſa ſoumiſſion & ſon innocence, doit ſans héſiter s'y ſoumettre comme prévaricateur & coupable ; puiſque la loi eſt l'expreſſion de la volonté générale, ſanctionnée par le Monarque, pour l'ordre & le maintien de l'harmonie qui doit regner dans toute ſociété pour le bonheur de tous, & que reſiſter à la loi, à la puiſſance exécutrice, au Souverain armé pour ſon exécution, en protégeant le foible contre le fort, le juſte contre l'injuſte, le bon contre le méchant, enfin, que réſiſter à la puiſſance du Souverain, en qui la Nation a mis ſa confiance, & délegué ce pouvoir, c'eſt l'outrager elle-même dans ſon enſemble, c'eſt violer le ſerment que chaque individu a prêté à ſes concitoyens d'être fidele obſervateur des loix auxquels il a concouru pour la paix, la félicité & le bonheur de l'Empire. Vous ſentez donc, mes chers amis, que le Citoyen, l'homme véritablement libre, celui qui touche de plus près au bonheur, eſt ſans doute celui qui, le plus exacte obſervateur des loix naturelles, divines & humaines, ſe ſoumet avec plus de reſpect & d'amour, à la Nation, à la loi & au Roi ; ce qui contribue au bien général de l'Empire.

C'eſt là le but & l'objet de toute inſtitution ſociale, & le deſir le plus ardent de tous les bons Princes, qui ſont moins jaloux de regner que de faire regner avec eux la paix, la vérité & la juſtice, en rapportant tout au bien commun, & c'eſt, mes chers amis, ce que vous voyez dans les paroles & les actions de Louis XVI, notre auguſte & vertueux Monarque, proclamé par la Nation *Roi des François, le Reſtaurateur de la liberté Françoiſe ;* perſuadé de cette maxime de Marc-Antonin, cet illuſtre Empereur, l'amour & l'eſtime du Sénat & du peuple : « Que ce qui n'eſt pas utile à tout l'eſſain ne peut être avantageux au Roi des abeilles ».

Voilà la conduite de notre Souverain, qui, a pris le titre le plus glorieux, & qui fait le plus bel éloge d'un Prince, *l'ami des hommes, le premier ami de ſes peuples.*

Du deſpotiſme affreux il terraſſa l'Empire ;
Par lui la France eſt libre & le peuple reſpire :
Bon pere, bon époux, digne ſoutien des Loix,
Le premier Citoyen & le meilleur des Rois.

VIII. « La Loi ne doit établir que des peines » ſtrictement & évidemment néceſſaires, & nul » ne peut être puni qu'en vertu d'une Loi éta» blie & promulguée antérieurement au délit, » & légalement appliquée ».

La ſageſſe des Légiſlateurs, avant de faire publier des loix temporelles, leur fait conſulter la loi éternelle, cette loi qui n'a beſoin que d'elle-même, dit *Ciceron*, pour ſe rendre clair & intelligible, qui n'eſt point autre à Rome, autre à Athenes, autre aujourd'hui & autre demain, mais qui, universelle, immuable, obligera toutes les nations & dans tous les tems. Cette loi éternelle, dit Saint Augustin, par laquelle on discerne ce qui doit être commandé ou défendu, & qui n'est autre que cette loi de la nature, cette vive lumiere qui éclaire toutes les intelligences, & qui sert de mesure commune à toutes les loix.

Cette loix naturelle, d'accord avec la religion qui n'ordonne qu'amour & charité entre les hommes ; cette loix ne doit établir que des peines strictement & évidemment nécessaires au bon ordre & à la tranquillité publique, ce devoir d'humanité que prescrit l'écriture : « Jugez selon la vérité, & que chacun exerce la miséricorde & la charité envers ses frères », n'est pas moins adressé aux Législateurs qu'aux Juges, organes des loix, à qui il est ordonné de rendre dans les Tribunaux des jugemens d'équité & de paix (Zac. ch. 7 & 8). Mes chers petits amis, voilà la loix des Juges & la conduite qu'on tenue tous les Magistrats integres, & celle que doit tenir tous les Citoyens qui vont exercer cet honorable emploi dans les nouveaux Tribunaux ; car vous savez que déja ils s'organisent & que l'Assemblée Nationale a voté des remerciemens à la Chambre des Vacations du Parlement de Paris pour son dévouement à la chose publique, & le Roi des témoignages particuliers de satisfaction au zèle & à l'activité du digne Magistrat qui l'a présidée, de qui si souvent vous avez déja entendu parler avec éloge, & à ses collegues qui, courageusement, ont resté de concert attachés à leurs pénibles fonctions, qui leur ont mérité à tous la bienveillance, la satisfaction du public, de l'Aſſemblée Nationale & du Roi.

IX. « Tout homme étant préſumé innocent » juſqu'à ce qu'il ait été déclaré coupable, s'il » eſt jugé indiſpenſable de l'arrêter, toute rigueur » qui ne feroit pas néceſſaire pour s'aſſurer de » ſa perſonne, doit être ſévèrement réprimée » par la Loi ».

La jalouſie étant le mobile de la plupart des dénonciations, ne condamnez pas, diſoit Saint *Iſidore*, ſur de ſimples accuſations, attendez la preuve, car ce ne ſont pas ceux qui ſont accuſés, mais ceux qu'on a convaincus qui doivent être déclarés coupables.

Le bien de la ſociété veut l'arreſtation & la captivité de ceux qui la troublent, la sûreté des bons demande la détention des prévaricateurs ou des méchans; comme c'eſt à la loi à infliger la peine proportionnée au délit, ceux que l'on a reconnu & jugé indiſpenſables d'arrêter, doivent être traités humainement par ceux chargés de cette miſſion.

Mais auſſi tout Citoyen appellé ou ſaiſi en vertu de la loi, doit obéir à l'inſtant, il ſe rend coupable par la réſiſtance. (Voyez l'article 7).

X. « Nul ne doit être inquiété pour ſes opi» nions, même religieuſes, pourvu que leur » manifeſtation ne trouble pas l'ordre public éta» bli par la Loi. ».

L'homme deſire naturellement connoître la vérité, dit *Seneque*, il fait ſes efforts pour y parvenir, mais il s'égare le plus ſouvent par ſa faute dans la route qui y conduit; ſi la vérité se montre il ne peut la comprendre, sa splendeur le blesse, ou s'il la comprend il s'en offense, & ses passions se révoltent; c'est que la vérité ne cherche point à flatter, au lieu que le mensonge est doux & insinuant. Ce qui faisoit estimer par *Sophocle* l'opinion plus forte & & plus puissante que la vérité, & par *Cardan*, comme la reine de l'univers, à qui presque tous les hommes étoient soumis; cependant, l'opinion, selon *Aristote*, differe de la science en ce qu'elle est accompagnée de doute; mais comme tout cela tient de la foiblesse humaine qui est sujette à s'égarer, ou par passion, ou par intérêt, ou pour n'avoir point examiné la solidité des principes, ni la justesse des conséquences, & s'être laissé entraîné par l'exemple. Il faut tolérer & plaindre plutôt que de blâmer tous ceux qui s'écartent de la vérité, cet unique objet de la recherche des hommes.

Ciceron observe que les traces même de l'opinion sont effacées par le tems, qui confirme les vérités puisées dans l'étude de la nature.

Quel que soit l'empire de l'opinion, il faut revenir au sentiment de *Polibe* dans ce beau passage: « J'estime, dit-il, qu'il n'y a point de Divinité si grande & si puissante que la vérité, quoique les hommes en général semblent conjurés contre elle, & que l'opinion mette souvent dans son parti les conjectures & les vraisemblances; la vérité sait se faire jour au travers des illusions, & montrer sa force & sa lumiere après avoir percé les ténebres par lesquels on s'étoit efforcé de l'obscurcir; le mensonge se soutient quelque tems, mais à la fin la vérité triomphe toujours: « Parce que la vérité, dit

Esdras, eſt grande, & que rien n'égale ſa force ... Elle n'a égard (dit-il au troiſième livre) ni aux perſonnes, ni à ce qui les diſtingue les uns d'avec les autres ; elle traite les impies & les méchans dans toute la rigueur de ſa juſtice, & tout le monde approuve ce qu'elle fait ...... il n'y a rien d'injuſte dans ces jugemens, & elle eſt la force, le regne, la puiſſance & la majeſté de tous les ſiécles, gloire, dit-il, ſoit à jamais au Dieu de la vérité.

Nul ne doit être inquiété pour ſes opinions, même religieuſes. *Ciceron*, auſſi habile, auſſi grand dans les affaires d'Etat que dans la philoſophie & dans l'éloquence, penſoit comme le Duc de *Sully*, dans les loix qu'il propoſe touchant la religion, il dit, au ſujet de la piété & de la religion intérieure ; « ſi quelqu'un y fait faute, Dieu en ſera le vengeur », mais il déclare capital le crime que l'on pourroit commettre contre les cérémonies religieuſes, établies pour les affaires publiques, & qui intéreſſe tout l'Etat.

Dans la ſéance de l'Aſſemblée Nationale, du 13 Avril 1790, lorſqu'il a été queſtion de délibérer ſur la religion, ſur le reſpect pour elle, pour le maintien de la Déclaration des droits & la liberté de conſcience, a rendu le Décret ſuivant.

« L'Aſſemblée nationale, conſidérant qu'elle n'a & ne » peut avoir aucun pouvoir à executer ſur les conſciences » & ſur les matieres religieuſes ; que la majeſté de la » religion, & le reſpect profond qui lui eſt dû, ne per- » mettent point qu'elle devienne le ſujet d'une délibé- » ration, conſidérant que l'attachement de l'Aſſemblée » Nationale au culte Catholique, Apoſtolique & Ro- » main, ne ſauroit être mis en doute, au moment même

» où ce culte va être mis par elle à la premiere place
» dans les dépenses publiques, & où, par un mouve-
» ment unanime de respect, elle a exprimé ses sentimens
» de la seule maniere qui puisse convenir à la dignité
» de la religion, & au caractere de l'Assemblée Natio-
» nale, décrète qu'elle ne peut & ne doit délibérer sur
» la motion proposée...... ».

L'on devroit fortement inculquer à tous les hommes, de quelque religion qu'ils soient, que Dieu seul est l'arbitre des cœurs & des consciences, qu'il n'a établi aucune puissance terrestre pour contraindre les peuples à lui rendre tel ou tel culte, autrement que par les voies ordinaires de la persuasion, les seules légitimes & les seules autorisées par la religion même.

Défendez la vérité par les forces qu'elle prête à la raison; en user autrement, c'est la traiter comme le mensonge & l'imposture; si la raison est trop foible pour se faire écouter, laissez la vérité triompher par sa propre splendeur; Dieu seul est le maître des cœurs, & rien ne peut prévaloir contre la vérité.

Car, je le répete d'après *Esdras*: « *La vérité est grande, & rien n'égale sa force* ».

« Sur toutes choses, disoit M. *de Fenelon* au Chevalier de S. George en 1709, ne forcez jamais vos sujets à changer leur religion; nulle puissance humaine ne peut forcer le retranchement impénétrable de la liberté du cœur; la force ne peut jamais persuader les hommes, elle ne fait que des hypocrites; quand les Rois se mêlent de religion au lieu de la protéger, ils la mettent en servitude; accordez à tous la tolérance civile, non en approuvant tout comme indifférent, mais en souffrant avec patience tout ce que Dieu souffre, & en tâchant de ramener les hommes par une douce persuasion ».

Rien n'est donc plus essentiel que d'éclairer les hommes sur l'abus que l'on peut faire de leur confiance & de leur zèle, & sans cesse les rappeller à l'union, à la paix & à l'amour de l'humanité, leur faisant observer que dans la société l'homme ne doit considérer que l'homme & sans égard à ses opinions à sa religion; il est son prochain, comme tel il doit le chérir & l'aimer comme lui-même; c'est le précepte de la loi naturelle, de la raison & de la véritable religion, toute fondée sur l'amour qui veut le bonheur de chacun, sans cependant forcer ni persécuter personne. « Je les ai titrés à moi (dit le Seigneur) par tous les attraits qui gagnent les hommes, par tous les attraits de la charité ».

XI. « La libre communication des pensées & » des opinions est un des droits les plus précieux » de l'homme: tout Citoyen peut donc parler, » écrire, imprimer librement, sauf à répondre de » l'abus de cette liberté, dans les cas déterminés » par la Loi ».

Les objets sur lesquels l'homme a des connoissances, & peut exercer sa liberté de penser, sont particulièrement Dieu, l'esprit & les corps. Le but de ses pensées & de ses écrits doit être sur chacun de ces trois objets, l'amour de l'ordre & de la vérité, l'accroissement des lumieres & des connoissances utiles au bonheur & à la félicité publique, qui doit être l'objet & le but essentiel, & le devoir également sacré du Souverain & des sujets; c'est par ce moyen que l'on remplit les vues de la loi sur la liberté des opinions; autrement « les ſciences nuiſent plus qu'elles ne ſervent, dit *Platon*, ſi l'on n'a pas la véritable ſcience, c'eſt-à-dire celle d'en faire un bon uſage ». Il en eſt des ſciences comme de toutes choſes, elles ſont bonnes, mais l'abus eſt mauvais.

L'on pourroit dire à cet égard, & à l'égard de la Société & de la Patrie, ce que diſoit S. Auguſtin, à l'égard de la religion: « C'eſt être heureux, diſoit-il, que d'être né avec beaucoup d'eſprit, mais c'eſt être bien malheureuſement heureux d'avoir de l'eſprit contre ſa religion, & le faire triompher aux dépens de ſa foi.

Et c'eſt en effet être bien malheureuſement heureux que d'avoir beaucoup d'eſprit, & de s'en ſervir contre ſa patrie pour troubler ſon repos, ou par l'abus des Sciences, des Lettres & des Arts, en l'inondant d'ouvrages corrupteurs & ſcandaleux, qui placent leur auteur ſous le glaive de la loi, qui ne veut & ne protege que la juſtice, la vertu & l'honnêteté, & toutes les vertus qui concourent au bon ordre & au maintien de la tranquillité & du bonheur public. Enfin ſi l'opinion eſt la reine de l'univers, comme on le croit, donnons lui donc les avantages de la vérité, c'eſt-à-dire, dirigeons-la toute vers le bien de la Patrie, & faiſons en ſorte que les Citoyens portent les maximes de la juſtice dans le cœur, & que l'opinion ſe dirige vers ce but par une éducation publique, qui conduiſe chaque Citoyen à témoigner par une improbation manifeſte ſa cenſure, contre tous ouvrages abuſifs de la liberté de la preſſe, & de tout ce qui contrarie les loix.

Pour vous donner, mes chers amis, une idée

précise de l'opinion, il faut poser quelques principes ou premières vérités si évidentes par elle-même qu'elle saisisse votre esprit & entraîne votre volonté ; car un principe se pose & ne se prouve pas, c'est son évidence qui frappe & qui éclaire ; *un & un font deux* ; voilà le principe & l'évidence.

L'homme existe, c'est une vérité ; il ne tient pas son être de lui-même, voilà un principe ; il le tient donc d'un autre, voilà une conséquence ; il est doué d'intelligence, il conçoit, il raisonne, il veut.

Donc, il y a un être intelligent qui lui est supérieur, de qui il tient ces nobles facultés ; ce sont là autant de principes, dont les conséquences, bien déduites, conduisent à la vérité.

Tous les hommes, par un penchant irrésistible, desirent d'être heureux. Le bonheur est le port où tendent les humains (*Voltaire*).

L'homme veut être heureux ; faux ou vrai, le bonheur est l'ame, l'aliment, l'idole de son cœur (*Dulard*).

Le bonheur, voilà, mes amis, le champ le plus vaste des opinions humaines, tous les Philosophes anciens & modernes, enfin tous les hommes ont pris parti sur cette importante matière, & se sont d'autant plus égarés qu'ils ont cherché ce bonheur où il n'étoit pas ; les uns l'ont placé dans une chose, les autres dans une autre, & fondés sur de faux principes, il y a eu autant d'opinions que de têtes, & ne se sont tous accordés que pour en disputer ; il a fallu que la vérité même vienne éclairer les hommes à cet égard, en leur faisant connoître la voie, la vérité & la vie.

Sur

Sur les autres objets des connoiſſances humaines, l'opinion, qui eſt le ſyſtème, la manière de penſer de chacun ſur ces matières, peut agir avec plus de liberté, & même de vérité, parce que les objets en général préſentent aux yeux & à l'eſprit mille manières différentes d'être conſidérés, peuvent toutes auſſi préſenter des avantages également utiles ; mais ſur ce qui touche la conduite & le bonheur des hommes; il faut néceſſairement reconnoître avec S. *Auguſtin* qu'il n'appartient de conduire à la vérité & faire l'homme heureux qu'à celui qui a fait l'homme.

XII. « La garantie des droits de l'Homme & » du Citoyen néceſſite une force publique : cette » force eſt donc inſtituée pour l'avantage de » tous, & non pour l'utilité particulière de ceux » à qui elle eſt confiée ».

La *liberté*, la *propriété*, la *ſûreté* & la *réſiſtance à l'oppreſſion* étant des droits naturels & imprescriptibles de l'homme, lui ſeroient naturellement conſervés, ſi les paſſions n'aveugloient pas & ne détournoient de leurs véritables intérêts les membres de la ſociété, qui feroient, & par raiſon, & par amitié, ce qu'ils ne font à préſent, la plûpart, que par crainte ou par intérêt ; il a donc fallu, pour la garantie de ces droits, une force publique, & cette force c'eſt la juſtice & les armes; la juſtice confiée à des Tribunaux, & la force des armes dans la main du Souverain, pour maintenir le bon ordre & pour la défenſe de la Patrie contre les ennemis de l'Empire.

Quelle félicité pour le Souverain, dit Maſfillon, de regarder son Royaume comme sa famille, ses sujets comme ses enfans; est-il pour les Princes une gloire plus pure & plus touchante que celle de regner sur les cœurs. « Les anciens Rois, est-il dit dans le testament politique du Cardinal de Richelieu, ont fait un état si particulier du cœur de leurs sujets, que quelques-uns (1) ont estimé qu'il valoit mieux par ce moyen être *Roi des François* que de la France; & c'est aussi le titre que porte maintenant notre monarque chéri qui n'aspire qu'à regner sur les cœurs: « C'est, dit-il (dans sa réponse à l'Assemblée Nationale, à l'occasion de sa fête), sur-tout par mon amour pour le peuple, par mes soins constans pour son bonheur, & par ma confiance dans ses représentans, que je me flatte de m'assurer des droits sur leur affection. » Je vous prie, leur dit-il, à l'occasion de ses domaines, de ne jamais perdre de vue que mes plus grands intérêts sont ceux de la Nation & le soulagement des peuples; ce sont ceux-là qui me touchent le plus essentiellement, & qui me sont vraiment personnels ». Tel auroit été le langage de *Tite*, cet Empereur Romain dont le nom seul est un éloge, ce prince qui regrettoit le jour comme perdu pour lui, où l'occasion ne s'étoit pas présentée de faire du bien à quelqu'un.

L'amour des peuples a toujours été & sera toujours la gloire la plus réelle & la moins équivoque des Souverains; les peuples n'aiment guères dans les Rois que les vertus qui rendent leur regne heureux; en effet, la gloire des

(2) Philippe de Valois.

conquêtes eſt toujours ſouillée de ſang, c'eſt le carnage & la mort qui nous y conduit, & il faut faire des malheureux pour ſe l'aſſurer, & ſouvent le conquérant lui-même, s'il eſt humain, eſt forcé de verſer des larmes ſur ſes propres victoires; car, diſoit M. le Dauphin, pere du Roi, *hélas! Le Te Deum des Rois eſt toujours le Deprofundis des peuples.*

« J'admire, diſoit M. *de Sully*, combien l'Europe, pour être compoſée de peuples civiliſés, ſe conduit encore par des principes ſauvages & bornés; à quoi voyons-nous que ſe réduit la profonde politique dont elle ſe pique, ſinon à ſe déchirer elle-même ſans ceſſe! De toutes parts elle revient à la guerre; elle ne connoît aucun autre moyen, & n'imagine aucun autre dénouement, c'eſt la reſſource unique du moindre Souverain, comme du potentat; la ſeule différence entr'eux, c'eſt que celui-là la fait à petit bruit & en ſecond, & celui-ci avec grand appareil & ſouvent ſeul, pour faire montre de ſa grandeur, ce qui eſt aſſurément la plus inſigne mépriſe. Eh! pourquoi faut-il que nous nous ſoyons impoſés la néceſſité de paſſer toujours par la guerre pour arriver à la paix?

Que le monde ſeroit heureux, s'il n'y avoit d'autre moyen, dit L'anti-Machiavel, que celui de la négociation, pour maintenir la juſtice & pour rétablir la paix & l'harmonie entre les Nations! L'on employoit les raiſons au lieu d'armes, & l'on s'entrediſputoit ſeulement, au lieu de s'entr'égorger; c'étoit le vœu d'Henri le Grand, & dont il avoit formé le glorieux projet pour l'Europe; & à quoi, aujourd'hui les François ſont gloire d'aſpirer, venant de déclarer ſolemnellement par un Décret de l'Assemblée Nationale, sanctionné par le Roi, qu'ils renoncent à tout esprit de conquête, & qui, tout récemment, vient d'être manifesté authentiquement aux puissances étrangères, & notamment à l'Espagne, par le Roi que l'Assemblée prie « de charger immédiatement l'Ambassadeur de France en Espagne de négocier avec les Ministres de Sa Majesté Cath., à l'effet de resserrer & de perpétuer, par un traité national, les liens utiles aux deux peuples, & de fixer, avec précision & clarté, toute stipulation qui ne seroit pas conforme aux vues de la paix générale, & aux principes de justice qui feront à jamais la politique des François (1) ».

XIII. « Pour l'entretien de la force pu-
» blique, & pour les dépenses d'administra-
» tion, une contribution commune est indispen-
» sable. Elle doit être également répartie entre
» tous les Citoyens, en raison de leurs facultés ».

L'Etat le plus puissant du monde ne sauroit se vanter de jouir d'un repos assuré, s'il n'est en état de se garantir en tout tems d'une invasion imprévue, & d'une surprise inopinée ; pour soutenir donc ces forces de terre & de mer, & subvenir à toutes les autres dépenses d'administration, chaque Citoyen est obligé de contribuer ; c'est le prix de sa vie, de son bien, de son repos & de sa liberté ; les impôts sont les revenus de la Nation, destinés à payer les charges communes.

La seule règle divine, dit M. *Bossuet*, & in-

(1) Assemblée du 26 Août 1790.

violable parmi tous les peuples du monde, est de ne point accabler les peuples, & de mesurer les impôts sur les besoins de l'Etat & sur les charges publiques; c'est une maxime de l'équité naturelle, que quand il s'agit de fournir ce qui est nécessaire pour l'entretien d'une chose commune, chacun doit y contribuer à proportion de la part qu'il y a, ensorte que personne ne soit considérablement surchargé; un fardeau que tous portent avec proportion à leurs forces, devient leger pour tous; mais si plusieurs se retirent, il devient pesant & même insupportable; ce n'est pas tant le poids du fardeau, par lui-même, que l'inégalité de la charge qui rebute, chagrine & accable.

Le bien public est la loi des loix; la religion nous apprend que les impositions sont une dette juste & légitime, qu'aucun Citoyen ne peut s'y soustraire, sous quelque prétexte que ce soit. Elle les met en parallelle avec le tribut que nous devons à la Divinité même.

Enfin les impôts sont justes, ils sont nécessaires, mais ils ne sont & ne doivent être à l'Etat ce que les voiles sont aux vaisseaux; elles ne sont point faites pour le charger & l'accabler, mais pour le conduire & l'assurer.

XIV. « Tous les Citoyens ont le droit de » constater par eux-mêmes ou par leurs Repré- » sentans, la nécessité de la contribution pu- » blique, de la consentir librement, d'en suivre » l'emploi & d'en déterminer la quotité, l'assiète, » le recouvrement & la durée ».

Vous savez qu'autre fois, dit M. de *Fenelon*, le Roi ne prenoit jamais rien sur ses peuples par sa seule autorité ; c'étoit le Parlement, c'est-à-dire l'Assemblée de la Nation qui lui accordoit les fonds nécessaires pour les besoins extraordinaires de l'Etat.

Car les dépenses absolument nécessaires pour la subsistance de l'Etat étant assurées, le moins qu'on peut lever sur le peuple est le meilleur, & pour n'être pas contraint à faire de grandes levées (dit le Test. Pol. du C. de Richelieu) il faut peu dépenser ; & il n'y a point de meilleur moyen, pour faire des dépenses modérées, que de bannir toutes les profusions & condamner tous les moyens qui vont à cette fin. Un Ambassadeur de Venise me dit une fois, en parlant de l'opulence de la France : « que pour la rendre heureuse du tout, il ne lui souhaiteroit autre chose, sinon qu'elle sçût aussi bien dépenser ce qu'elle dissipoit sans raison, que sa République savoit bien n'employer pas un seul quatrain sans besoin & sans beaucoup de ménage ».

« Enfin, dit M. de *Fenelon*, il ne faudroit employer le bien des peuples qu'à la vraie utilité des peuples mêmes ; les subventions du peuple, dit-il, ne devant être employées que pour les charges de l'Etat ».

XV. « La Société a le droit de demander » compte à tout Agent public de son adminis- » tration ».

Les Ministres sont ici les principaux agens dont il est question, ils doivent être fidèles à leur Prince, & connoître que le premier objet de leur engagement est de servir l'Etat, & de faire céder à l'intérêt général l'intérêt toujours moins essentiel des particuliers : avouons que la gloire de ces devoirs est aussi difficile à acquérir qu'elle peut être flatteuse pour celui qui l'a méritée.

Heureux, & mille fois heureux est le Ministre véritablement sage, qui conçoit que Dieu est le premier maître, la religion la première loi; & heureux le Souverain, ami de ses peuples, qui possede un tel ministre; car, enfin, qu'importeroit à notre bonheur que le Roi nous aimât, dit un Orateur, si ceux qu'il fait dépositaires de son amour nous en déroboient les effets? Qu'importeroit que nous aimassions nous-mêmes son autorité, si celle qui est entre son trône & nous, pour son service & pour notre bien, se rendoit odieuse contre ses intentions; ne seroit-ce pas alors comme si la correspondance des sentimens entre le Souverain & le peuple étoit anéantie?

Enfin un ministre doit être, non seulement éclairé, mais homme d'honneur & de probité, ami de l'ordre, de la justice & des loix; car, sans l'ordre & la justice dans les différentes parties d'administration, les royaumes ne sont plus exposés qu'aux dilapidations les plus indécentes, & à toutes sortes de brigandages qui s'y exercent impunément.

Qu'heureux donc encore une fois est un Roi de qui les Ministres & tous les agens peuvent avec vérité recevoir & écouter ce compliment, aussi simple que flatteur, tiré de Seneque, & adressé par le respectable M. Rollin à M. le Peletier, Contrôleur général des Finances:

« Vous gouvernez les Finances de l'Empire » avec la fidélité qui est due au bien d'autrui, » avec la même vigilance que s'il s'agissoit de

» votre bien propre , avec la circonspection
» religieuse qu'exige ce qui appartient au public ».

XVI. « Toute société dans laquelle la garan-
» tie des Droits n'est pas assurée, ni la sépara-
» tion des pouvoirs déterminée, n'a point de
» Constitution.

La garantie des droits de l'homme en société ne peut être assurée que par une bonne constitution , c'est-à-dire par une légitime & sage délégation des trois pouvoirs dont toute la société est investie. Car, « il y a dans chaque état trois sortes de pouvoirs, ainsi que nous l'avons déja observé d'après M. de Montesquieu, *La Puissance Législative, la Puissanc exécutrice* des choses qui dépendent du droit des gens & *la Puissance exécutrice de celles qui dépendent du droit civil* ».

Par la *première*, on fait les loix ; par la *seconde*, se fait la guerre & la paix, on envoye ou reçoit des Ambassadeurs , on établit la sûreté, l'on prévient les invasions; par la *troisième* on punit les crimes, on juge les différens des particuliers.

C'est de la distribution légitime & de la répartition convenable de ces différentes espèces de pouvoir que dépend la plus grande perfection de la liberté politique (ainsi que vous l'avez déja vu à l'article III).

Tout seroit perdu par la réunion de ces trois pouvoirs , il n'y auroit point de constitution libre, mais un Empire absolument despotique ; on ne peut jamais parler sans frémir de ce Gouvernement monstrueux , où l'homme est une créatur qui obéit à une créature qui veut ; où leur partage , comme à des bêtes , y est l'instinct, l'obéissance, le châtiment, où il ne sert de rien d'opposer les sentimens naturels, le respect pour un pere, la tendresse pour ses enfans & ses femmes, les loix de l'honneur, l'état de la santé; on a reçu l'ordre, & cela suffit.

Dans un Gouvernement où l'action du brave *Crillon*, qui a refusé d'assassiner le Duc de Guise, eût été punie comme une désobéissance; & où le Vicomte *d'Orte*, qui commandoit dans Bayonne & qui ne voulut pas souscrire aux ordres sanguinaires de Charle IX, après la S. Barthelemi, de massacrer les Huguenots, eût été lui-même traité comme rebelle, malgré la réponse si sage, si pleine d'humanité qu'il fit à son souverain.

« Sire, je n'ai trouvé, lui écrit-il, parmi » les habitans & les gens de guerre, que de » bons Citoyens, de braves soldats, & pas un » bourreau; ainsi eux & moi supplions votre » Majesté d'employer nos bras & nos vies à » choses faisables ».

Voilà le caractère d'un homme véritablement libre, & ce grand & généreux courage qui doit regarder une lâcheté & une condescendance coupable comme une chose impossible.

Quel exemple de soumission envers le Prince, & d'attachement à la justice, n'a pas laissé à tous les chrétiens la Légion Thebéenne! « Nous sommes vos soldats, Seigneur, dirent-ils à Maximien, qui vouloit les forcer à persécuter les chrétiens, mais nous sommes en même-tems les serviteurs de Dieu, nous vous devons le service militaire, & à lui l'innocence; nous ne pouvons obéir à vos ordres, lorsqu'ils se trouvent contraires aux siens .... tant qu'on ne demandera rien de nous qui puisse l'offenser, nous vous obéirons comme nous avons fait jusqu'à présent; autrement nous lui obéïrons plutôt qu'à vous ».

En effet, ils se laisserent tous massacrer plutôt que d'exécuter l'ordre injuste de Maximien.

« Il faut plutôt obéir à Dieu qu'aux hommes, dit l'écriture (Acte 5, 29.) ». C'étoit là la saine philosophie, observe S. Jean *Chrisostôme* avec admiration de ces hommes sans étude, qui, tous pénétrés de la Majesté de Dieu, n'employoient point d'autre raisonnement pour confondre les Pharisiens, les Prêtres & les Docteurs, sinon qu'il étoit de l'ordre & de la sagesse de préférer l'obéissance qui est due à Dieu à celle qu'on doit aux hommes, lorsqu'ils commandent quelque chose de contraire aux ordres de Dieu; paroles dignes d'être gravées par-tout, & principalement dans nos cœurs; la volonté de Dieu devant être la règle de notre conduite, quand celle des hommes y est contraire, y a-t-il à délibérer?

XVII. « Les propriétés étant un droit inviolable & sacré, nul ne peut en être privé, si ce n'est lorsque la nécessité publique, légalement constatée, l'exige évidemment, & sous la condition d'une juste & préalable indemnité ».

Tout ce qui est renfermé dans le monde que nous habitons est à l'usage de l'homme; croissez & multipliez, vous dit le Créateur; remplissez la terre & vous l'assujettissez; dominez sur tous les animaux qui se meuvent sur la terre.

Voilà bien la concession la plus authentique du domaine de la terre fait au premier homme, & en lui promulguée à toutes ces générations,

& renouvellée en la perſonne de Noé & ſes enfans. « Nouriſſez-vous de tout ce qui a vie & mouvement ; je vous ai abandonné toutes ces choſes comme les légumes & les herbes de la campagne. (Gen. 9. 3.) ».

Ainſi nous avons tous reçu du Créateur un droit égal à la poſſeſſion des biens, comment donc s'eſt acquis le droit d'une proprieté particulière ? Par le droit ſi naturel de *premier occupant*, qui n'a pu enſuite être dépoſſédé ſans ſon conſentement, que par l'injuſtice armée de la force ; nous avons un exemple ancien de ce droit de premier occupant dans les perſonnes d'*Abraham* & de *Lot*, ſon neveu, lors de leur ſéparation, lorſqu'Abraham lui dit : « Qu'il n'y ait point de diſpute entre vous & moi, ni entre mes Paſteurs & les vôtres, parce que nous ſommes frères. — Vous voyez devant vous toute la terre, retirez-vous, je vous prie, d'auprès de moi ; ſi vous allez à gauche, je prendrai la droite ; ſi vous choiſiſſez la droite, j'irai à la gauche » ; & il choiſit ſa demeure vers le Jourdain, en ſe retirant de l'orient.

Voilà aſſurément une priſe de poſſeſſion bien libre ; le choix en fait le titre, & le droit du *premier occupant la propriété* ; mais, enſuite du travail naît un autre moyen de propriété. Car, qui peut conteſter à l'homme qui a labouré, enſemencé ſon champ & fait tous les frais de culture, que les fruits qui en naiſſent ne ſoient véritablement à lui, & que cette admirable libéralité de la nature ne ſoit la récompenſe de ſes avances, de ſes ſoins & de tous ces travaux ?

Enfin il n'y a que la plus criante injuſtice & l'inhumanité la plus révoltante qui puiſſe l'en priver, lui contester, & le crime le plus affreux qui puisse l'en désaisir; son travail c'est son bien.

De ces deux moyens de propriété en naît naturellement un troisième; la *convention*, qui a pour matiere, non-seulement les choses, mais encore l'industrie & le travail des hommes, & elle comprend toutes sortes de contrats, pactes & traités, par lesquels une personne transmet à une autre quelque bien ou quelques droits, soit gratuitement ou moyennant un équivalent, & il ne faut pour cela que connoissance & liberté, puisque la propriété est le droit de jouir & d'en disposer selon sa volonté.

Posons donc pour maxime, dit M. de *Montesquieu*, que lorsqu'il s'agit du bien public, le bien public n'est jamais que l'on prive un particulier de son bien, ou même qu'on lui en retranche la moindre partie par une loi ou un règlement politique; dans ce cas il faut suivre à la rigueur la loi civile, qui est le *palladium* de la propriété; ainsi, lorsque le public a besoin du fonds d'un particulier, il ne faut jamais agir par la rigueur de la loi politique; mais c'est là que doit triompher la loi civile, qui, avec des yeux de mere, regarde chaque particulier comme toute la cité même. — Si le Magistrat politique veut faire quelqu'édifice public, quelque nouveau chemin, il faut qu'il indemnise; le public est à cet égard comme un particulier qui traite avec un particulier; c'est bien assez qu'il puisse contraindre un citoyen de lui vendre son héritage, & qu'il lui ôte ce grand privilege qu'il tient de la loi civile, de ne pouvoir être forcé d'aliéner son bien.

Dans le Gouvernement monarchique, dit-il,

il faut que la propriété & la vie des citoyens soient assurées comme la constitution même de l'Etat.

C'est de cette assurance, & de la garantie de tous les droits de l'homme que naît l'amour de la Patrie, qui ne peut être sincere & violent sans la réciprocité de sacrifice & de défenses : il faut que l'homme aime & fasse tout pour l'avantage & la gloire de sa patrie, il faut que la patrie protege & assure la paix, la liberté, la propriété & la sûreté de chaque individu qui la composent, & le souverain Être, le Ministre surveillant chargé de ce précieux devoir de procurer à tous la félicité & le bonheur.

« Faites ensorte, Sire, disoit M. *Talon* à Louis XIV, en 1645, que vos sujets aiment leur Prince, mais qu'ils ne l'appréhende jamais ; que les actions d'autorité & de puissance ne marquent point à l'avenir les périodes de votre Empire ; ne déployez pas facilement les derniers efforts de la royauté ; il importe à votre gloire que nous soyons des hommes libres, & non des esclaves ; la grandeur de votre état & la dignité de votre couronne se mesurent par la qualité de ceux qui vous obéissent. ».

DERNIERE lettre à mes Neveu & Niece, ou tableau actuel de la France.

IL faut, mes chers amis, vous retracer ici, en abrégé, ce qu'il vous importe le plus de connoître.

La France, votre Patrie, cette belle partie de l'Europe, dont vous connoissez, par la Carte, la forme & la position avantageuse, d'une étendue de plus de deux cens lieues, tant en longueur que largeur; bornée, au nord, par les Pays-Bas; au midi, par la Méditerranée & les Monts-Pyrenées qui la séparent de l'Espagne; au levant, par l'Allemagne, les Suisses, la Savoye & une partie de l'Italie, dont elle est séparée par les Alpes; au couchant, par l'Océan. Cette belle contrée du monde est fertile & abondante en toute espece de richesses, & placée le plus favorablement pour le Commerce, tant par le nombre de ses ports sur l'Océan & la Méditerranée, que par sa proximité avec toutes les autres Puissances qui l'environnent; que bien arrosée dans son intérieur par les quatre grands fleuves ou rivieres qui la parcourent de son centre à ces extrêmités, dont trois, savoir, la *Seine*, la *Loire* & la *Garonne*, se jettent dans l'océan; & le *Rhône*, dans la Méditerranée.

Ce pays délicieux, autrefois sous le nom de *Gaules*, & conquis par César sur ces braves originaires, pour être réuni à l'Empire Romain, où déja les Francs, ou François, nos peres, avoient des établissemens dès le troisieme siecle, & où ils se sont entiérement fixés lors de la décadence & du démembrement de ce vaste Empire. C'est d'eux dont parle avec tant d'éloge *Sidonius Appollinaires*, auteur estimable du cinquieme siecle, dans son Panégyrique de *Majorien*. « Ils sont, dit-il, exercés aux armes dès la premiere jeunesse, si adroits qu'ils frappent toujours où ils visent, & si légers, qu'ils arrivent avant leurs javelots où ils les ont lancés; au reste si braves, que jamais, pour grand que soit le nombre de leurs ennemis, & les désavantages des lieux où ils combattent, on ne les voit trembler; la mort les abat, non la peur, & ils peuvent perdre la vie, mais non jamais ils ne perdent courage ».

C'eſt ce même Peuple qui, depuis quatorze ſiecles, couvre cet admirable pays, où après avoir éprouvé tout ce que peut l'ambition, les paſſions humaines, dans les affaires politiques, tant intérieures qu'extérieures,comme vous l'avez déja vu, mes petits amis, dans mon petit abregé de notre Hiſtoire, eſt aujourd'hui fixé pour ſon étendue, par la balance qui regne entre les Etats de l'Europe, & qui vient, dans ce moment d'une révolution générale, de renoncer, par un Décret ſolemnel, de ſon Aſſemblée Nationale, ſanctionné par le Roi, à tout eſprit de conquête, & tendre à une concorde générale des Etats de l'Europe & du Monde.

Ce bel Empire, où les lumieres propagées ont développé toutes les reſſources, dévoilé tous les abus, reconnu toute l'incohérence de ces loix, de ces uſages & de ces coutumes que les temps, que les circonſtances avoient ſucceſſivement formés, vient de jetter, comme d'un trait, l'harmonie dans toutes les parties de ſon adminiſtration, en les rappellant à l'unité d'un même principe, pour en faire un enſemble bien organiſé.

Déja vous voyez ce beau pays aujourd'hui peuplé de vingt-cinq millions d'habitans, ſa ſurface circonſcrite, en quatre-vingt-trois Départemens, proportionnés & ſubdiviſés en Diſtricts, pour ne former qu'un tout, avec les mêmes rapports pour toutes les branches de l'adminiſtration; & les trois pouvoirs, celui de faire les loix, de les faire exécuter, & de juger les crimes ou les affaires des particuliers, délégués suivant les principes de la plus saine politique, pour tendre, par unité d'action, à l'unité de but; l'ordre, l'harmonie, la félicité & le bonheur général, le vœu & l'objet de la Nation, & le desir le plus ardent du Monarque vertueux à qui la Nation a confié ce qu'elle a de plus cher, la paix, sa tranquillité & son bonheur, en lui remettant entre les mains la force des armes contre les ennemis de l'Etat, & pour la protection des loix, dont il est le défenseur & le ministre, pour protéger par amour & exciter à l'obéissance aux loix de la société, & réprimer, par la force, ceux qui la troublent. C'est ce pouvoir exécutif *unique* que M. *de Fénélon* souhaitoit aux Princes pour leur tranquillité & le bonheur des Peuples. « Tout Prince sage, dit-il, doit souhaiter de n'être que l'exécuteur des loix, & d'avoir un Conseil suprême qui modere son autorité ».

Vous voyez la dette publique mise sous la loyauté de la Nation Françoise, les impositions proportionnellement réparties, les entraves du Commerce dissipées, toutes les barrieres reculées aux frontieres du Royaume; une armée de troupes de ligne, à qui l'on a rendu les droits de Citoyen, augmenté la paye; une marine bien montée & beaucoup plus considérable qu'elle ne l'a été depuis le commencement du siecle, les approvisionnemens qu'elle exige rassemblés; 70 vaisseaux de ligne & 65 frégates à flot, & plusieurs autres en construction, au total, 153 vaisseaux, & une foule d'excellens Officiers doivent rendre, dit le Ministre de la Marine, la France redoutable à toutes les Puissances maritimes

times, préserver d'insultes ses Colonies, & être le plus sûr garant du maintien de la paix; & les Marains, satisfaits, seconder leur courage, venir à la barre de l'Assemblée Nationale témoigner tous leur dévouement. Voici les expressions de la députation des Patrons pêcheurs de Marseille, en leur patois : « Vé, Messieurs, a dit l'un d'eux, nous aoutri saven pas parla como fasé, maï saven senti, maï saven apprécia vostei Décrès, & saren toujour lés à versa jusqu'à la derniero gouto dé nostré san quan lei faoudra sousténi ». C'est-à-dire, nous ne savons pas parler comme vous, Messieurs, mais nous savons apprécier vos Décrets, & nous serons toujours prêts à verser jusqu'à la derniere goutte de notre sang pour les soutenir.

Enfin, vous voyez sur terre tous les Citoyens soldats, indépendamment des troupes de ligne; plus de deux millions en armes faisant le service militaire, &, dans les quatre-vingt-trois Départemens, une multitude innombrable prêts à les seconder, &, ainsi que leurs ancêtres, loués par *Ammian Marcellin*, il y a plus de treize siecles, « d'être toujours prêts à répandre leur sang & dépenser leur bien pour le service & pour la gloire de l'Etat. » n'hésiteroient pas de remplir l'objet de leur serment, si solemnellement prononcé, à la face du Ciel, dans le Champ de la Féderation, de s'unir pour la défense commune, & tomber avec courage & indignation sur l'ennemi qui oseroit troubler leur sécurité & leur paix.

Soyez fideles à la Nation, à la Loi & au Roi : c'est le devoir de tous les Citoyens. Soyez-leur fideles, afin de ne voir dans le Monarque qu'un pere tendre qui vous chérit & vous protége ; un ami qui vous console.

Que tous les Citoyens concourent donc à cette union si désirable des cœurs ! que ceux de qui déjà les noms ont mérité la reconnoissance de la Nation, accroissent journellement cette dette par leurs vertus, & leur dévouement à la chose publique ! La Nation n'est point ingrate. Que ceux dont le mérite s'exalte, & qui fondent leur noblesse sur leurs actions, encouragent leurs Concitoyens à marcher sur leurs traces, les *Turenne* & les *Chevert* lui sont également chers. Ce dernier, qui dut tout à son mérite & rien à la faveur ni à l'intrigue, du rang de simple soldat s'éleva au grade de Lieutenant Général. Une étude profonde de la Tactique, un amour extrême de ses devoirs, un desir ardent de se distinguer; tels furent les protecteurs qui veillerent à son avancement.

Je ne puis me refuser à vous rapporter un trait qui caractérise *Chevert*, & la maniere dont il imprimoit la confiance à ses soldats. Dans une occasion où il s'agissoit de s'emparer d'un fort, il appelle un grenadier dont il connoissoit la bravoure : « va droit à ce fort, lui dit-il, sans t'arrêter. On te dira : qui va là ? tu ne répondras rien. On te le dira encore ; tu avanceras toujours sans rien répondre. A la troisieme fois, on tirera sur toi, on te manquera ; tu fondras sur la garde, & je suis là pour te soutenir ». Le grenadier partit à l'instant, & tout arriva comme Chevert l'avoit prévu.

L'éloge le plus vrai qu'on puisse faire de ce Lieutenant général des armées du Roi est apposé, en forme d'épitaphe, à la porte principale de l'Eglise de Saint-Eustache de Paris. *Chevert* « Sans aïeux, sans fortune, sans appui, orphelin dès l'enfance, il entra au service à l'âge de 11 ans. Il s'éleva malgré l'envie à force de mérite, & chaque grade fut le prix d'une action d'éclat. Le seul titre de Maréchal de France a manqué, non pas à sa gloire, mais à l'exemple de ceux qui le prendront pour modele ».

Que ne feront donc pas aujourd'hui tous les Citoyens, animés du même esprit d'étude, d'amour du devoir & du desir ardent de se distinguer, lorsque tous jouissent de cette égalité qui les admet à concourir, sous la protection de la loi, à toutes les places & dignités où leurs vertus & leurs mérites peuvent les porter?

Il faut donc bien se mettre dans l'esprit, dit M. *Rollin*, que la noblesse qui vient de la naissance, est infiniment au-dessous de celle qui vient du mérite ; &, pour s'en convaincre, il ne faut que les comparer ensemble.

François Ier en avoit une grande idée, lorsqu'il dit aux Seigneurs de sa Cour, en faveur de Léonard *Del-Vinci*, qui expiroit entre ses bras : « Vous avez tort de vous étonner de l'honneur que je rends à ce grand Peintre. Je puis faire en un jour beaucoup de Seigneurs comme vous ; mais il n'y a que Dieu seul qui puisse faire un homme pareil à celui que je perds ».

Il faut donc en revenir, dit M. *Rollin*, à l'unique source de la véritable noblesse, qui est le mérite & la vertu.... Il est beau, dit-il, de soutenir la gloire des ancêtres par des actions qui répondent à leur réputation. Mais, aussi, il est glorieux de laisser à ses descendans un titre qu'on n'a point reçu de ses aïeux, de devenir le chef & l'auteur de sa noblesse, & de pouvoir dire, ainsi qu'un illustre Romain, à qui la Noblesse reprochoit son peu de naissance, « je ne puis produire en public les images de mes ancêtres, leurs triomphes ni leurs Consulats; mais je puis, s'il en est besoin, produire les récompenses militaires dont on m'a honoré, & les cicatrices des blessures que j'ai reçues dans les combats ».

Oui, la véritable récompense réservée à tous les Citoyens distingués, c'est le témoignage de la reconnoissance de la Nation. Voilà ce qui fera de la France un Peuple de freres, d'amis & de héros. Animés du feu sacré de l'amour de la patrie, ils seront redoutables; &, ainsi que les Egyptiens qui, ayant toujours présent à l'esprit leur commune origine, disoient que toute l'Egypte étoit noble, de même les François, brulant d'amour de la Patrie & de l'éclat des belles actions, diront avec enthousiasme, *toute la France est noble ;* & imitant les généreux François qui se distinguent aujourd'hui, & ceux qui se sont dévoués, dans tous les temps, au bien public, marcheront sur leurs traces, & tous reconnoissans des services qu'ils ont rendus, ils ne cesseront de les louer; car jamais les noms illustrés par de grands services & de belles actions ne seront mis en oubli. Toujours la France reconnoissante parlera des grands Princes, des Généraux, des Magistrats, enfin, de tous ceux qui lui ont rendu des services signalés; les Duguesclin, les Turenne, les Montmorency, les Bossuet, les Fénélon, les Massillon, leur seront toujours chers; toujours avec plaisir on verra lié le nom de *Rollin*, ce vertueux fils d'un Coutelier de Paris, à qui le Roi de Prusse disoit, *des hommes tels que vous marchent à côté des Souverains;* on verra, dis-je, toujours ce personnage respectable lié d'intimité & d'amitié & entretenir un commerce de littérature avec son illustre bienfaiteur, M. le Peletier, Ministre, & y vivre dans une liaison intime & familiere, estimé & chéri de toute sa famille.

Toujours les vertus & le mérite des Sully, des Pitou, des Vauban, du Premier Président de Lamoignon, dont l'ame égaloit le génie, & à qui le Cardinal de Mazarin dit, lorsqu'il fut nommé à cette dignité de Président, « si le Roi avoit connu un plus homme de bien & un plus digne sujet, il ne vous auroit pas choisi. » Les Mollé, les d'Ormesson, les Bignon, cette famille féconde en hommes illustres, & qui a occupé la place honorable de Bibliothécaire du Roi pendant 142 ans, depuis 1642, en la personne de Jérôme Bignon, ce prodige d'érudition. Ce vieillard, qui à cet âge de 10 ans, publia une description de la Terre-Sainte; à 13, un Traité des Antiquités Romaines; &, à 14, son Livre de l'Election des Papes, matiere qu'il traita avec une érudition qui surprit tous les Savans de son temps; les Scaliger, les Casaubon, les Grotius, les Pithou, les de Thou, les Sirmond, les Peron & beaucoup d'autres, le rechercherent comme un vieil'ard érudit. Tous ces personnages enfin seront toujours des objets d'estimes, d'émulation, d'admiration & d'encouragement pour les familles & tous les Citoyens.

L'immortel Chancelier d'Aguesseau, de qui Coulange a dit, en parlant de son union avec Anne Lefevre d'Ormesson, « qu'on avoit vu pour la premiere fois les Graces & la Vertu s'allier ensemble » sera toujours respecté & aimé. Dans la disgrace, le Régent, qui lui conservoit toujours son estime & même son amitié, dit un jour, en présence d'une partie de la Cour, « qu'il vouloit avoir l'avis du Chancelier sur une affaire importante. Tout le monde garda le silence, & trembla d'avoir aucune liaison avec un homme disgracié. M. d'Ormesson prit la parole, & offrit au Régent de se charger de sa commission, parce qu'il partoit pour Fresne en sortant du Conseil. Les Courtisans se regardoient les uns & les autres, & murmuroient de cette imprudence. M. le Régent s'en apperçut; & après avoir dit à M. d'Ormesson qu'il lui donneroit volontiers ses dépêches, il se retourna, & dit : « Messieurs, j'aime bien mieux cette noble franchise, que votre fausse prudence & votre dissimulation ».

Le mérite sera toujours estimé. Les Corneille, les Racine, les la Fontaine, les Rousseau, les Boileau, tous les Auteurs estimables de nos jours & tous les Artistes de la Nation, n'ont assurément pas moins de droit à notre reconnoissance, que tous les grands personnages de l'Antiquité, que nous ne cessons de louer & d'admirer.

Tous Citoyens enfin qui remplissent avec honneur les postes, les places, qui leur sont confiés; ceux-là mérite la reconnoissance de la Nation, l'estime de la société, & les hommages particuliers de ceux qui ont l'avantage de les connoître; c'est le devoir que m'impose aujourd'hui la reconnoissance envers un citoyen, l'ami sincere de l'ordre, de la vérité, de la justice & de la paix.

C'est-là, en peu de mots, le précis de son éloge,

& des qualités héréditaires dans sa famille ; son aménité, la douceur de son caractère, toutes les belles qualités de son ame, toutes les vertus de son cœur, aussi pur qu'il est modeste, l'ont toujours fait chérir & aimer de tous ses confrères, 64 ans d'exercice dans les travaux littéraires qu'exige le magnifique dépôt public des connoissances humaines, ce sanctuaire des Sciences, l'unique de l'Europe pour sa beauté & sa richesse, ne l'empêchent point encore, malgré son grand âge, parcourant sa 93e année, de se livrer toujours de tems à autres à quelques travaux sédentaires qu'il peut exercer chez lui, & qui demandent toute l'attention. Ce vertueux citoyen, honoré & respecté des hommes illustres qui ont été chargés successivement de ce précieux dépôt, ne l'est pas moins de l'honnorable Membre de l'Assemblée Nationale. M. d'Ormesson, qui occupe aujourd'hui avec honneur cette belle place; ce vénérable vieillard qui m'honore de son amitié, & avec qui, depuis 26 ans, j'ai l'avantage de coopérer aux travaux publics, mérite à tous égards cet éloge énergique : *ah ! qu'il laboure bien* ; expression flatteuse que m'a adressé en 1783, dans une occasion particulière, la personne à qui je témoigne, à plusieurs égards, ma reconnoissance. Cet aimable & respectable novenaire, M. *Malin*, que tout le monde estime & chérit, avoit été nommé à une place de censeur, qualité littéraire, que son caractère ni son cœur n'ont porté à exercer, n'ayant jamais, on peut le dire, censuré les ouvrages ni les actions des autres que par ses vertus sociales & religieuses, son désintéressement, l'amour de tous ses devoirs & son zèle pour le soulagement & le bonheur des autres.

C'est ainsi, mes chers amis, que les bons Citoyens sont chéris & aimés, & que notre devoir est de les estimer & de rechercher avec ardeur leurs sages conseils. Vous desirez, mes petits amis, revoir ce lieu que vous vîtes il y a peu de tems pour la première fois ; vous voulez encore parcourir ce petit local où vous avez cueilli quelques fruits sur des arbres plantés par mes mains ; vous voulez gravir sur le sommet de cette élévation où vos yeux charmés voyoient sous vos pieds les maisons de la ville, &, dans le lointain, cet horison magnifique où le ciel semble se reposer sur la terre, où vous distinguiez dans les plaines de verdure les châteaux, les villes & villages qui ornent cette contrée, & où ce mont, qui avoisine Paris, vous parut distinct ; vous voulez admirer encore le merveilleux effet de la riviere de Seine, qui, par un contour immense, se rapproche, & passe sous les ponts que vos yeux apperçoivent, pour ensuite se diviser en plusieurs bras, former plusieurs isles de diverses grandeurs qui vous recréoient & sembloient à vos yeux surnager sur les eaux. Ne désespérez pas, mes petits amis ; il nous reste encore quelques instans ; ce petit ouvrage finit, & notre voyage s'effectuera.

Vous reverrez, je l'espère, ce lieu si cher à nos coeurs, où votre pere & moi seroient encore enchantés de pouvoir jouir du plaisir si doux de converser avec ceux qui nous étoient chers, & qui toujours nous ont témoigné tant de tendresse : oui, vous voleriez dans leurs bras, & votre aimable mere auroit avec nous cette douce satisfaction de les voir, les larmes aux yeux de plaisir & de joie, vous embrasser

& vous rendre témoins de leur ſenſibilité & de leur bon cœur pour leurs enfans & leurs amis.

Oui, tendres & petits amis, nous irons revoir la petite ville de Meulan, où ils étoient aimés, & à qui j'ai eu l'honneur de marquer ma reconnoiſſance particuliere, & qu'aujourd'hui je me fais un devoir & un plaiſir de rendre publique, en lui témoignant mes remerciemens de la lettre infiniment honnête qu'elle m'a fait l'honneur de m'adreſſer l'an paſſé, par l'organe de ſon Préſident, ſur l'arrêté que ſon Comité prit en ma faveur, & ſon honnêteté à m'en faire part.

Je termine, mes petits amis, par vous rappeler, ſans ceſſe, à l'amour de vos devoirs, à celui de la vérité, de l'ordre, de la juſtice & de la paix, afin de remplir les engagemens de bon Citoyan, & d'être à jamais fideles à la *Nation*, à la *Loi* & au *Roi*.

C'eſt le précis du Manuel du Citoyen, & la baſe du bonheur de tous.

Novembre 1790.

LA SAGESSE HUMAINE
OU
LE PORTRAIT D'UN HONNÊTE HOMME,

PAR M. DE FÉNÉLON, Archevêque de Cambrai.

I.

RENDEZ au Créateur ce que l'on doit lui rendre.
Réfléchissez avant que de rien entreprendre.
Point de société qu'avec d'honnêtes gens,
Et ne vous flattez pas de vos heureux talens.

II.

Conformez-vous souvent aux sentimens des autres;
N'exigez que très-peu qu'on se conforme aux vôtres.
Faites attention à tout ce qu'on vous dit;
N'affectez point sur-tout de montrer trop d'esprit.

III.

N'entretenez personne au-delà de sa sphere;
Et, dans tous vos discours, tâchez d'être sincere.
Tenez votre parole inviolablement.
Ne vous engagez pas inconsidérément.

IV.

Soyez officieux, complaisant, doux, affable;
& pour tous les humains d'un abord favorable.
Sans être familier, ayez un air aisé:
Ne décidez de rien qu'après l'avoir pesé.

V.

Aimez sans intérêt, pardonnez sans foiblesse.
S'il faut être soumis, soyez-le sans bassesse.
Cultivez avec soin l'amitié de chacun;
A l'égard des procès, n'en intentez aucun.

VI.

Ne vous informez point des affaires des autres;
Sans affectation taisez-vous sur les vôtres.
Prêtez de bonne grace, avec discernement;
S'il faut récompenser, faites-le noblement.

VII.

Et de quelque façon que vous puissiez paroître,
Que ce soit sans éclat, & sans vous méconnoître.
Compatissez toujours aux disgraces d'autrui ;
Supportez ses défauts, vivez bien avec lui.

VIII.

Surmontez les chagrins où l'esprit s'abandonne.
N'usez de raillerie envers nulle personne.
Où la discorde regne, apportez-y la paix :
Et ne vous vengez point qu'à force de bienfaits.

IX.

Reprenez sans aigreur, louez sans flatterie ;
Riez paisiblement, entendez raillerie.
Estimez un chacun dans sa profession,
Et ne critiquez rien par ostentation.

X.

Ne reprochez jamais les plaisirs que vous faites,
Mais les mettez au rang des affaires secrettes.
Prévenez les besoins d'un ami malheureux ;
Sans prodigalité, rendez-vous généreux.

XI.

Modérez les transports d'une bile naissante,
Et ne parlez qu'en bien d'une personne absente.
Fuyez l'ingratitude, & vivez sobrement ;
Jouez pour le plaisir, & perdez noblement.

XII.

Pensez bien, parlez peu, & n'offensez personne ;
Faites toujours grand cas de ce que l'on vous donne.
Ne tyrannisez point vos pauvres débiteurs !
A personne, en un mot, ne montrez de hauteur.

XIII.

Ne divulguez jamais ce que l'on vous confie.
Au bonheur du prochain ne portez point envie.
Ne vous vantez de rien, gardez votre secret ;
Après quoi mettez-vous au-dessus du caquet.

Sachez à vos devoirs immoler vos plaisirs.
Et pour vous rendre heureux, modérez vos desirs.
Ne demandez à Dieu ni grandeur ni richesse.
Mais, pour vous gouverner, demandez la sagesse.

TABLE.

De l'Imprimerie de N. H. NYON, rue Mignon.

www.ingramcontent.com/pod-product-compliance
Ingram Content Group UK Ltd.
Pitfield, Milton Keynes, MK11 3LW, UK
UKHW021105260726
13994UKWH00002B/719